AF745765

www.ingramcontent.com/pod-product-compliance
Lightning Source LLC
LaVergne TN
LVHW010828051026
849532LV00007B/2648
* 9 7 8 9 3 6 9 0 8 8 5 2 2 *

گزرے چہرے، زندہ باتیں

(خاکے)

شاہد احمد دہلوی

© Shahid Ahmad Dehlvi

Guzre Chehre, Zinda Baatein (Pen Portraits)
by: Shahid Ahmad Dehlvi
Edition: January '2026
Publisher :
Taemeer Publications LLC (Michigan, USA / Hyderabad, India)

ISBN 978-93-6908-852-2

9 789369 088522

مصنف یا ناشر کی پیشگی اجازت کے بغیر اس کتاب کا کوئی بھی حصہ کسی بھی شکل میں بشمول ویب سائٹ پر اَپ لوڈنگ کے لیے استعمال نہ کیا جائے۔ نیز اس کتاب پر کسی بھی قسم کے تنازع کو نمٹانے کا اختیار صرف حیدرآباد (تلنگانہ) کی عدلیہ کو ہوگا۔

© شاہد احمد دہلوی

کتاب	:	**گزرے چہرے، زندہ باتیں**
مصنف	:	**شاہد احمد دہلوی**
صنف	:	خاکے
ناشر	:	تعمیر پبلی کیشنز (حیدرآباد، انڈیا)
سالِ اشاعت	:	۲۰۲۶ء
صفحات	:	۱۰۸
سرورق ڈیزائن	:	تعمیر ویب ڈیزائن

فہرست

پیش لفظ

اردو ادب کی بو قلموں دنیا میں خاکہ نگاری ایک ایسی صنف ہے جو قلم کار کی گہری مشاہداتی صلاحیت، نفسیاتی بصیرت اور ایک صاحبِ طرز اسلوب کی متقاضی ہوتی ہے۔ شاہد احمد دہلوی، اردو کے انہی صاحبِ طرز ادیبوں میں سے ایک تھے جن کا قلم کسی کیمرے کی طرح شخصیت کے باطن اور ظاہر، دونوں کی تصویر کشی کرنے پر قادر تھا۔ وہ بہ یک وقت مضمون نگار، مدیر، ماہرِ موسیقی، خاکہ نگار، مترجم اور تاریخ نگار تھے۔ ان کا تعلق ایک ایسے علمی و ادبی گھرانے سے تھا جس نے ان کی تربیت اس سلیقے سے کی کہ ان کے ہاں دہلی کی بامحاورہ زبان اور اس کا چٹخارہ اپنے اسلوب کا خاصہ بن گیا۔ "ساقی" جیسے ادبی مجلے کی ادارت، اشاعت اور اس کے لیے مضامین و خاکے لکھنا ان کی زندگی کا محور تھا، جس میں ان کی جان اور دہلی کی روح بستی تھی۔ دہلی کی تہذیب، تمدن، ثقافت، اور رہن سہن پر شاہد احمد دہلوی نے جس تفصیل، دلکشی اور ہنر مندی سے قلم اٹھایا، وہ ہمارے لیے ایک انمول تاریخی خزانہ ہے۔ فراق گورکھپوری کا یہ کہنا کہ "اس دور میں نذیر احمد تو کیا شاہد احمد بھی پیدا ہونا مشکل ہے" ان کی غیر معمولی ادبی صلاحیتوں اور ڈپٹی نذیر احمد کی قائم کردہ روایات کو آگے بڑھانے کے اعتراف پر مہر ثبت کرتا ہے۔ شاہد احمد دہلوی کا

مطالعہ شہری زندگی اور دہلویت سے اس قدر گہرا تھا کہ وہ انہیں وضاحت اور دلچسپی سے قلم بند کر سکتے تھے۔ ان کے خاکوں کی نمایاں خوبی حلیہ نگاری ہے، جو اس شخص کی جیتی جاگتی تصویر کو قاری کے سامنے لے آتی ہے۔ وہ اختصار کے ساتھ کردار کی نفسیات اور ظاہری خدوخال کو اس طرح بیان کرتے ہیں جیسے ان کے ہاتھ میں قلم کے بجائے کیمرہ ہو۔ ان کا اسلوب سادہ، عام فہم اور مشکل پسندی سے عاری تھا۔ صنائع، بدائع، روزمرہ، محاورے، تشبیہات اور تمثیلات کا عمدہ استعمال ان کی تحریر کو مزید دلکش بناتا ہے، جو بیسویں صدی کی اردو نثر میں ایک اہم اضافہ ہیں۔

پیش نظر کتاب "گزرے چہرے، زندہ باتیں" شاہد احمد دہلوی کے انہی طرز پر لکھے گئے چھ ادبی خاکوں کا مجموعہ ہے، جس میں انہوں نے اردو ادب کی چند عظیم اور منفرد شخصیات کی زندگیوں اور کرداروں کو اپنے بے مثال انداز میں پیش کیا ہے۔ یہ خاکے محض ان شخصیات کا تعارف نہیں بلکہ ان کے عہد، ان کے مزاج، ان کی خوبیوں، خامیوں اور ان کے ادبی کارناموں کا ایک جامع مرقع ہیں۔

جوش ملیح آبادی: اس خاکے میں شاہد احمد دہلوی، جوش ملیح آبادی سے اپنی پہلی ملاقات سے لے کر ان کے ساتھ ہونے والے کئی دلچسپ واقعات بیان کرتے ہیں۔ وہ جوش کی پرجوش طبیعت، بے باک شاعری، غیر معمولی حافظے اور ان کے حیدرآباد دکن میں قیام اور پھر دلی آمد کے حالات وواقعات کا احاطہ کرتے ہیں۔ اس میں جوش کی شراب نوشی، ان کے سیاسی نظریات (کانگریس کی حمایت)، اور ان کے متنازعہ خیالات و اقدامات پر بھی روشنی ڈالی گئی ہے، جو ان کی شخصیت کے مختلف پہلوؤں کو نمایاں کرتے ہیں۔

جگر مرادآبادی: یہ خاکہ جگر مرادآبادی کی ظاہری سادگی اور اندرونی شائستگی کا

حسین امتزاج ہے۔ شاہد احمد دہلوی جگر کے غیر روایتی حلیے سے لے کر ان کی پر سوز شاعری اور خوش گلوئی تک کا ذکر کرتے ہیں۔ اس میں جگر کی شراب نوشی اور پھر عشق کی خاطر اس لت کو ترک کرنے کے "انقلابی نقطہ" کو تفصیل سے بیان کیا گیا ہے۔ نیاز فتحپوری سے ان کے ادبی اختلافات اور جگر کی وسعت قلبی کو بھی اجاگر کیا گیا ہے، جس سے ان کی شریف النفسی اور خودداری کا احساس ہوتا ہے۔

میراجی: میراجی، اردو ادب کے پراسرار اور منفرد شاعر، اس خاکے کا موضوع ہیں۔ شاہد احمد دہلوی میراجی کی عجیب وغریب وضع قطع، ان کے فلسفیانہ انداز، اور ان کی زندگی کے نشیب و فراز کو بیان کرتے ہیں۔ میراجی کی شراب نوشی، اس کے تباہ کن اثرات، ان کے غیر روایتی مشاغل (جیسے لوہے کے گولے ساتھ رکھنا) اور ان کی گہری علمی قابلیت کا بھی احاطہ کیا گیا ہے۔ یہ خاکہ میراجی کی شخصیت کے تضادات اور ان کے قلندرانہ مزاج کو گہرائی سے پیش کرتا ہے، جس میں ان کے فن اور زندگی کا گہرا ربط دکھائی دیتا ہے۔

مولوی نذیر احمد دہلوی: یہ خاکہ شاہد احمد دہلوی کے پر دادا، مولوی نذیر احمد دہلوی کی زندگی اور علمی خدمات پر مبنی ہے۔ اس میں مولوی صاحب کی ایماندار طبیعت، دین سے وابستگی، ان کی فقید المثال اردو ترجمۃ القرآن، اور ان کی متنازعہ کتاب "امہات الامہ" پر ہونے والی شدید تنقید کا ذکر ہے۔ خاکہ میں ان کی تعلیمی جدوجہد، سماجی اصلاحات میں دلچسپی، اور حکومتی اہلکاروں کے ساتھ ان کی بے باک گفتگو کے دلچسپ واقعات بھی شامل ہیں۔ یہ مولوی صاحب کی علمی عظمت، ثابت قدمی اور بے لوث کردار کی تصویر پیش کرتا ہے۔

مرزا عظیم بیگ چغتائی: یہ خاکہ مرزا عظیم بیگ چغتائی کی شخصیت کے رنگین اور

مزاحیہ پہلوؤں کو نمایاں کرتا ہے۔ شاہد احمد دہلوی ان کی پیدائشی کمزوری، تعلیمی سفر، اور ان کے مذہبی اور سماجی مباحثوں میں بے باکی کا ذکر کرتے ہیں۔ ان کی شادی اور اپنی بیوی کو برقعہ اتار کر سماجی روایات کی خلاف ورزی کرنے کا واقعہ، اور ان کی ڈاڑھیاں جیتنے کے دلچسپ مقابلے بھی اس خاکے کا حصہ ہیں۔ مرزا صاحب کی ادبی خدمات، خاص طور پر ان کے افسانوں اور ناولٹس پر بھی روشنی ڈالی گئی ہے۔

منٹو: یہ خاکہ سعادت حسن منٹو کی شخصیت کا جاندار، بے باک اور متنوع نقشہ پیش کرتا ہے۔ منٹو ایک تیز ذہن، غیر معمولی تخلیقی صلاحیت اور بے ساختہ زبان رکھنے والے ادیب تھے جنہیں بناوٹ، شیخی اور ادبی رعونت سے شدید نفرت تھی۔ ان کی زندگی جدوجہد، تنازعات، مقدمات اور معاشی تنگی سے بھری رہی، مگر تخلیقی قوت کبھی ماند نہ پڑی۔ ریڈیو، صحافت اور افسانہ نگاری میں ان کی برق رفتاری اور انفرادیت نمایاں رہی۔ بظاہر سخت، تلخ اور بدتمیز نظر آنے والا منٹو درحقیقت ایک حساس دل، گہری انسان دوستی اور خلوص رکھنے والا فنکار تھا، جسے حالات اور لت نے رفتہ رفتہ توڑ دیا۔

یہ خاکے قاری کو ماضی کے مہربان چہروں کے قریب لے جاتے ہیں اور زندہ باتوں کے ذریعے وقت کے تغیرات کا احساس دلاتے ہیں۔ مجموعی طور پر یہ کتاب نہ صرف معروف و مقبول ادیب و شعرا کی صورتیں پیش کرتی ہے بلکہ ان کے اندر بستے عہد، زبان اور تہذیب کی زندہ بازگشت بھی سناتی ہے۔ اسی لئے عنوان 'گزرے چہرے، زندہ باتیں' ہر سطح پر درست محسوس ہوتا ہے۔

ا

جوش ملیح آبادی

میرے والد مرحوم کو اردو کی نئی مطبوعات منگانے کا شوق تھا۔ کتابیں اور رسالے چھپتے ہی ان کے پاس پہنچ جایا کرتے تھے۔ غالباً ۲۵ء یا ۲۶ء کا ذکر ہے کہ نئی کتابوں میں ایک کتاب "روحِ ادب" بھی آئی تھی۔ یہ کتاب اس زمانہ میں شائع ہونے والی کتابوں میں یکسر مختلف تھی۔ اس کی ہر بات انوکھی تھی۔ "بانگ درا" کے سائز پر چھپی تھی، جو اس زمانے میں بالکل مروج نہیں تھا۔ کتابت و طباعت بڑی دیدہ زیب تھی۔ چند تصویریں بھی اس کتاب میں شامل تھیں۔ "روحِ ادب" میں چھوٹے چھوٹے شاعرانہ مضامین تھے۔ شاعرانہ مختصر مضامین لکھنے کا خبط اب سے چالیس سال پہلے ہر ادیب کو تھا۔ بلکہ اسے کمال نثر نگاری سمجھا جاتا تھا کہ ایسی عبارت لکھی جائے جس میں موٹے موٹے عربی فارسی کے الفاظ اور مغلق ترکیبیں ہوں اور اصل بات بہت ذرا سی ہو۔ بلکہ اگر اصل بات سرے سے اس میں ہو ہی نہیں تو اور بھی اچھا۔ اس صورت میں یہ تحریر ادیب کا شاہکار بن جاتی تھی۔ ایسے ہر ادیب کی ہر تحریر شاہکار تصور کی جاتی تھی۔ کتنے ہی ادیب ایسے تھے جو صرف شاہکار ہی لکھا کرتے تھے۔ اصل میں یہ بیماری گیتانجلی کے ترجمہ سے اردو میں پھیلی تھی۔ ٹیگور کی مابعد الطبیعاتی شاعری کو یار لوگ سمجھے ہوں یا نہ سمجھے ہوں جھٹ اس کے ترجمہ پر اتر آئے۔ چونکہ ٹیگور کو نوبل پرائز ملا تھا اس لیے یہ سمجھ لیا گیا کہ ضرور

اس میں کوئی بڑے کام کی بات کہی گئی ہے۔ حالانکہ آج تک یورپ والوں ہی کی سمجھ میں نہیں آیا کہ ملارمی اور ماترلنک قسم کے شاعر یہ کیا فرما گئے ہیں کہ

ایک دروازہ کھلا

ایک دروازہ بند ہوا اور

ایک بچے کے رونے کی آواز آئی۔

انھیں یہی معلوم نہ ہو سکا کہ اس پر کہاں سر دھنا جائے؟ ٹیگور نے بھی یہی گر استعمال کیا اور نٹیں سے اسے جھنڈے پر چڑھا دیا۔ اردو کی شامت اعمال، یہ کتاب کہیں سے نیاز فتحپوری کے ہاتھ لگ گئی۔ عرض نغمہ کے نام سے اس کا ترجمہ فوراً تیار ہو گیا۔ نام ہی دیکھ لیجیے "عرض نغمہ"۔ اس کے اندر جو گت ٹیگور کے شاہکار کی بنی ہے اسے کسی وقت فرصت سے دیکھیے گا تو اس کے جوہر آپ پر کھل جائیں گے۔ ہمارے ادیبوں کے ہاتھ ایک سہل نسخہ لکھنے لکھانے کا آیا، لگے سب کے سب عرض نغمہ کرنے۔ البتہ اتنا اضافہ ٹیگور پر اور کیا کہ اپنی تحریروں میں بہت سارے آہ۔۔۔ ڈیش اور نقطے اور ڈنڈے (!) جہاں تہاں ڈال دیے تا کہ پڑھنے والے ان ڈیشوں اور ڈنڈوں سے نفس مضمون کی بھیلی پر سر پھٹول کرتے رہیں۔ پیاز کو چھیلئے، پرت ہی پرت اترتے چلے جائیں گے، مغز آپ کہیں نہیں پائیں گے۔ یہی حال اس نیازی یا پیازی ادب کا تھا جسے "ادبِ لطیف" موسوم کیا گیا، جو دراصل ہماری نثر کا "چوماچاٹی اور سانڈے کے تیل" کا دور تھا۔

بات میں سے بات نکل آئی۔

ذکر جب چھڑ گیا قیامت کا

بات پہنچی تری جوانی تک

ہاں تو ذکر تھا 'روح ادب' کا۔ اس میں جو نثر پارے درج تھے ان کا انداز تحریر روش

عام سے یکسر مختلف تھا۔ واقعی یہ معلوم ہوتا تھا کہ نثر میں نظمیں لکھی گئی ہیں۔ مصنف کا نام نواب شبیر حسین خان جوش ملیح آبادی۔ میں نے جوشؔ صاحب کو یہیں سے جانا پہچانا۔ اس کے بعد "ہمایوں" میں ان کا کلام بالالتزام شائع ہونے لگا اور بعض اور مقتدر ادبی رسالوں میں بھی۔ ساقیؔ میں جنوری ۱۹۳۰ء، یعنی پہلے ہی پرچے سے جوشؔ صاحب کا کلام آنے لگا۔ ۳۲ء میں مجھے اپنے منجھلے بھائی مبشر احمد اور دوسرے عزیزوں سے ملنے حیدرآباد جانے کا اتفاق ہوا۔ مجھے جن ادیبوں اور شاعروں سے حیدرآباد میں ملنا تھا ان کی فہرست خاصی طویل تھی۔ منجھو صاحب پولیس کے آدمی! انھیں تمام سلسلوں کی خبر تھی۔ فہرست دیکھ کر بولے "فرحت اللہ بیگ سے تمھیں سید وزیر حسن ملوائیں گے۔ فانی، جوش اور علی اختر سے کرنل اشرف الحق۔ مولوی عنایت اللہ سے تابش، میں بھی ساتھ چلا چلوں گا۔ تمکین کاظمی تو یہ سامنے ادارۂ علمیہ میں روز شام کو آتا ہے۔ اور یہ ناکارہ آور آوارہ آور کون کون ہے، انھیں تھانے میں یہیں کیوں نہ بلوا لیا جائے؟" میں نے کہا "مناسب نہیں ہوگا۔ پہلے میں ایک ایک بار سب کے ہاں ہو آؤں۔" بولے، تو پھر یہ کرتے ہیں کہ تھانے میں نہیں کھانے پر سب کو بلائے لیتے ہیں۔" میں نے کہا "اسے بھی بعد کے لیے اٹھا رکھو۔" یہ باتیں ہو ہی رہی تھیں کہ کرنل اشرف الحق باہر ہی سے آوازیں دیتے در آئے۔ "شاہد کہاں ہے، شاہد کہاں ہے؟" میں دوڑ کر ان سے لپٹ گیا۔ اس وقت مجھ سے عمر میں دُگنے تھے۔ میرے پھوپھی زاد بھائی تھے۔ چودہ سال ولایت میں رہ کر ایڈنبرا سے ڈاکٹری کی سند لے کر آئے تھے اور قلعہ گولکنڈہ میں افواجِ باقاعدہ کے بڑے ڈاکٹر تھے۔ اللہ ان کی روح کو نہ شرمائے ہر وقت اتنی پیتے تھے کہ مرنے لگتے تھے۔ وہ تو شراب کو کیا چھوڑتے شراب انہیں چھوڑ دیتی تھی۔ اچھے ہونے کے بعد مہینوں نہیں پیتے تھے، پھر کوئی دوست ہشکا دیتا اور سلسلہ پھر جاری ہو جاتا۔ مگر اتنی پینے

پر بھی میں نے ڈاکٹر صاحب کو کبھی بہکتے یا مدہوش ہوتے نہیں دیکھا۔ وہ اس قدر عجیب و غریب کردار کے آدمی تھے کہ ان پر ایک علیحدہ مضمون لکھنے کی ضرورت ہے۔ مختصراً یوں سمجھیے کہ منجملہ اور صفات کے شعر کہنے کا بھی خاص ملکہ رکھتے تھے۔ مگر ہزل تو کیا نرا کھرا فحش۔ عریاںؔ تخلص تھا۔ شعر شاعری کی وجہ سے حیدرآباد کے تمام شاعروں سے تعلق تھا اور سب کا دم بھی ان سے نکلتا تھا کیونکہ ذرا سی بات پر فحش ہجو لکھ دیا کرتے تھے اور ستم بالائے ستم یہ کہ خود جاکر اسے سنا بھی دیتے تھے۔ خیر تو ڈاکٹر صاحب سے یہ طے ہوگیا کہ جوشؔ صاحب سے مجھے وہاں اگلے دن ملوادیں گے۔ دوسرے دن صبح دس بجے ڈاکٹر صاحب آئے اور مجھے دارالترجمہ لے گئے۔ سب سے پہلے ابوالخیر مودودی سے ملوایا جو ابوالاعلیٰ مودودی کے بڑے بھائی تھے۔ دھان پان سے نرم و نازک آدمی تھے مگر ان کے لفظ لفظ سے علمیت ٹپکتی تھی۔ ڈاکٹر صاحب کے خاص دوستوں میں سے تھے۔ خوش اخلاقی سے کھانے پر مدعو کیا۔ مولانا عمادی سے ملوایا۔ انھوں نے بھی دعوت کی پیشکش کی۔ جوشؔ صاحب سے ملوایا۔ گرم جوشی سے ملے۔ دعوت کا دن مقرر کرلیا۔ باہر نکل کر میں نے کہا "بھائی جان، اگر دعوتیں ایسی فراخ دلی سے منظور کی گئیں تو منجھو صاحب بگڑ جائیں گے۔" بولے، "میں منجھو کو سمجھالوں گا۔" اس کے بعد گھڑی دیکھ کر بولے! ابھی دوپہر کے کھانے میں کچھ دیر ہے، لگے ہاتھوں علی اختر سے بھی مل لو۔ میں نے کہا چلیے۔ علی اختر کے گھر پہنچے۔ دروازہ کھٹکھٹایا۔ لڑکا برآمد ہوا۔ ڈاکٹر صاحب نے پوچھا "ابا ہیں؟" "وہ ہیں کہہ کر اندر بھاگا۔ ڈاکٹر صاحب نے کہا "سنو۔ ان سے بولو شاہد احمد دہلوی ملنے آئے ہیں۔" لڑکا میرا نام جانتا تھا، ایک نظر اس نے مجھے دیکھا اور تیتری ہوگیا۔ پانچ منٹ گذر گئے واپس نہیں آیا۔ ڈاکٹر صاحب نے بتایا کہ آج کل علی اختر کے سارے جسم پر پھوڑے پھنسیاں نکل آئی ہیں۔ دوا ملے بیٹھا ہوگا۔ دفتر سے چھٹی لے رکھی ہے۔ بارے لڑکا منہ

لٹکائے واپس آیا اور نیچی نظریں کیے بولا "ابا کہیں باہر گئے ہوئے ہیں۔" جب ہم کار میں واپس آبیٹھے تو ڈاکٹر صاحب نے کہا "گھر ہی میں تھا۔" میں نے پوچھا تو ملے کیوں نہیں؟ بولے "کل معلوم ہو جائے گا۔" اگلے دن ڈاکٹر صاحب علی اختر کے ہاں سے ہوتے ہوئے آئے۔ انھوں نے بتایا کہ "علی اختر ملے تھے اور بہت شرمندہ تھے کہ کل تم سے نہیں ملے۔ دراصل اس بیچارے کے پاس اتنے پیسے نہیں ہیں کہ تمہاری دعوت کر سکے۔ یہاں کا رواج یہی ہے کہ مہمان کی دعوت ضرور کی جاتی ہے۔" ان کی اس حرکت پر مجھے غصہ بھی آیا اور ترس بھی آیا کہ محض ایک بیہودہ رواج کے باعث اس دفعہ ان سے ملاقات نہ ہو سکی۔

جوشؔ صاحب کے ہاں ڈاکٹر صاحب مجھے لے گئے۔ خاصی پر تکلف دعوت تھی۔ دستر خوان پر ہنسی مذاق کی باتیں ہوتی رہیں۔ ڈاکٹر صاحب بڑے زندہ دل آدمی تھے۔ روتوں کو ہنساتے تھے۔ جوشؔ صاحب شاعر بھی تھے اور بادہ خوار بھی، اس لیے ڈاکٹر صاحب سے ان کی خوب نبھتی تھی۔ ڈاکٹر صاحب کی زبانی مجھے جوشؔ صاحب کے بہت سارے واقعات معلوم ہوئے۔ ان میں سے چند آگے بیان ہوں گے۔

ڈاکٹر صاحب عمدہ ولائتی شراب پیا کرتے تھے۔ جوشؔ صاحب بلانوش تھے، جو بھی مل جائے چڑھا جاتے تھے۔ انہیں جب بھی فرصت ملتی شام کو ڈاکٹر صاحب کے ہاں جا پہنچتے، عمدہ اور مفت کی ملتی تھی اس لیے گلاس پر گلاس چڑھائے چلے جاتے۔ ڈاکٹر صاحب دو تین گلاسوں میں چھک جاتے تھے۔ بوتل یا تو ہفتہ میں ایک خرچ ہوتی تھی یا اب تیسرے ہی دن ان کی بیوی کہہ دیتیں کہ آپ شہر جائیں تو اپنی بوتل لیتے آئیں۔ شروع شروع میں تو یہ ڈھرا چلتا رہا مگر جب مہنگا پڑنے لگا تو ڈاکٹر صاحب کے نشے ہرن ہونے لگے۔ ایک دن شہر گئے تو ایک ولائتی بوتل بھی لائے اور دیسی ٹھرّے کی بھی۔ ٹھرا دیکھ

کر ان کی بیوی چمکیں۔ "جب ٹھرّا آپ کو نہیں پچتا تو آپ کیوں لائے ہیں؟ اس موئے شرابی نے آپ کو بھی ٹھرے پر لگا دیا۔" ڈاکٹر صاحب نے بڑی متانت سے کہا "یہ ٹھرا اسی موئے شرابی کے لیے ہے۔" ڈاکٹر صاحب گلاس خود کبھی نہیں بناتے تھے۔ گھر میں بیوی بنا کر دیتی تھیں اور گھر کے باہر ایک ملازم جو ہمیشہ ساتھ رہتا تھا۔ اب یہ ہونے لگا کہ جب جوشؔ صاحب آجاتے تو ڈاکٹر صاحب کے آواز لگانے پر ملازم دو گلاس بیگم صاحب سے بنوا کر یا خود بنا کر لاتا اور ٹھرے والا گلاس جوشؔ صاحب کو بھڑا دیتا۔ جوشؔ صاحب کہتے کہ آپ نے بھی دیسی پینی شروع کر دی؟ تو ڈاکٹر صاحب کہتے ہاں۔ مگر یہ دیسی اچھی ہے۔ فریب کا یہ سلسلہ دنوں جاری رہا۔ بعد میں ڈاکٹر صاحب نے خود ہی اس کا بھانڈا پھوڑ دیا۔ ان کے دل میں کوئی بات رہتی نہیں تھی۔ شاید ہر شرابی کا دل منافقت سے خالی ہو جایا کرتا ہے۔

جب جوشؔ صاحب کے لیے نظام دکن میر عثمان علی خان نے ملک بدری کا فرمان جاری کیا تو مجھے کسی نے حیدر آباد سے اطلاع دی کہ ساقیؔ میں "غزل گو سے خطاب" جو نظم جوشؔ کی چھپی ہے اس پر یہ عتاب ہوا ہے۔ پیشی کے ایک منہ چڑھے آدمی نے نظام کو سنکا دیا کہ حضور یہ گستاخی جوشؔ نے آپ کی شان میں کی ہے۔ اس زمانے میں جریدہ شاہی اور روزنامہ رہبر دکن میں روزنامہ میر عثمان علی خاں کی ایک پھسپھسی سی غزل مع رائے استاد جلیل چھپا کرتی تھی۔ یہ رائے بھی حضرت خود ہی لکھ دیا کرتے تھے کہ "سبحان اللہ! کیا غزل ہوئی ہے۔" مجھے اطلاع دینے والے نے یہ اندیشہ بھی ظاہر کیا تھا کہ شاید راست میں ساقیؔ کا داخلہ ممنوع قرار دے دیا جائے گا۔ مگر اس کی نوبت نہیں آئی۔ جوشؔ کو چوبیس گھنٹے میں ممالک محروسہ سے نکل جانے کا حکم ملا تھا۔ یہ بارہ ہی گھنٹے میں وہاں سے نکل لئے کہ کہیں ضبطی اور قید کا دوسرا فرمان جاری نہ ہو جائے۔ "رہبر دکن" میں روزانہ ذرا ذرا سی

بات پر فرمان نکلتے رہتے تھے۔ سبحان اللہ! پڑھنے کے لائق ہوتی تھی عبارت اِن فرمانوں کی۔ کاش کوئی انہیں جمع کر کے شائع کر دے۔ خوجی اور حاجی بغلول کو آپ بھول جائیں گے۔ خیر، یہ ایک الگ کہانی ہے۔ دراصل نظام کے منجھلے شہزادے معظم جاہ کے شبینہ دربار میں جوشؔ کا عمل دخل ضرورت سے زیادہ ہو گیا تھا۔ اس دربار کے واقعات سن کر رونگٹے کھڑے ہو جاتے ہیں۔ مختصراً یوں سمجھیے کہ شر رکا دربارِ حرام پور اس کے آگے گرد تھا۔ جوشؔ اس دربار کے حاضر باش تھے۔ میں نے حیدر آباد کے ثقہ راویوں سے سنا ہے کہ معظم جاہ کے اشارے پر کل حاضر باش ننگے ہو کر ناچنے لگتے تھے اور اس کے بعد جو کچھ ہوتا تھا وہ لکھا نہیں جا سکتا۔ اگر کوئی پکھیرو ذرا نہیں نکڑ کرتا تو پیش خدمتوں کو حکم ہوتا کہ آپ کو بنا لاؤ۔ وہ اس غریب کو اٹھا لے جاتے اور پچھاڑ کر اتنی پلاتے کہ اسے اپنے تن بدن کا ہوش نہ رہتا، پھر اسے دربار میں برہنہ کر کے پیش کیا جاتا اور اسے اوندھا کر کے جلتی ہوئی موم بتی لگا دی جاتی۔ یہ منظر دیکھ کر سب کے دلوں کے کنول کھل جاتے۔ اور جب وہ ہوش میں آتا تو اس سے کہا جاتا "آئندہ سرکار کے کسی حکم سے سرتابی نہ کرنا۔" ان تمام بیہودگیوں کی اطلاع عالیجاہ کو پہنچتی رہتی تھی مگر وہ شفقت پدری میں مرے جاتے تھے۔ بیٹے سے تو کچھ نہ کہتے اس کے حاضر باشوں کی تاک میں لگ جاتے۔ چنانچہ طویلے کی بلا بندر کے سر، جوشؔ پر نزلہ گرانے کا انھیں بہانہ ہاتھ آ گیا۔ جوشؔ صاحب حیدر آباد چھوڑنے کے کچھ عرصہ بعد دلی آ گئے۔

حیدر آباد میں جوش صاحب دارالترجمہ میں ناظر ادبی تھے۔ سنا ہے کہ علامہ اقبال سے کسی بڑے آدمی کے نام تعارفی اور سفارشی خط لے کر حیدر آباد گئے تھے۔ نرا کھرا شاعر سوائے شعر کہنے کے اور کیا کر سکتا ہے؟ مگر اس وقت مہاراجہ کرشن پرشاد جیسے علم دوست بر سر اقتدار تھے۔ وہ شاعروں کو بھی کہیں نہ کہیں کھپا دیا کرتے تھے۔ چنانچہ فانیؔ کو

انہوں نے کسی اسکول کا ہیڈ ماسٹر بنا دیا تھا اور یگانہ کو کہیں اضلاع میں سب رجسٹرار رکھوا دیا تھا۔ جوشؔ کو انہوں نے دارالترجمہ کی چول میں دھانس دیا۔ ان کا کام یہ تھا کہ تراجم کی نظر ثانی کیا کریں۔ وہاں وہ کیا کرتے ہوں گے؟ اس کا اندازہ یہاں ترقی اردو بورڈ میں ان کی کارکردگی سے ہوا۔ بورڈ نے اردو کی نایاب اور کمیاب کتابوں کے شائع کرنے کا انتظام کیا ہے۔ مولوی نذیر احمد کی کتاب "منتخب الحکایات" کے متعلق بورڈ کے سکریٹری شان الحق صاحب کا ایک مراسلہ میرے نام آیا کہ آپ اس مطبوعہ کتاب میں جو غلطیاں کتابت و طباعت کی وجہ سے داخل ہو گئی ہیں ان کی تصحیح کر دیجیے اور کتاب پر آٹھ دس صفحے کا مقدمہ لکھ دیجیے۔ پاکستان میں یہ کتاب مجھے کہیں نہیں ملی، لہٰذا دلی سے اس کا ایک نسخہ کسی نہ کسی طرح منگایا اور اسے ٹھیک ٹھاک کر کے بورڈ کو بھیج دیا۔ ایک مہینہ بعد حقی صاحب کا ٹیلیفون آیا کہ منتخب الحکایات کا کوئی اور نسخہ ہو تو بورڈ کو بھیج دیجیے۔ بورڈ اس کی قیمت ادا کر دے گا۔ میں نے کہا" قیمت تو اس کی چھ آنے یا آٹھ آنے ہی ہے، مگر وہ کتاب ملتی کہاں ہے؟ پہلے بھی مشکل سے ملی تھی۔" معلوم ہوا کہ ناظر ادبی نے نہ صرف میرے مقدمہ کی زبان ٹھیک کر دی بلکہ اصل کتاب کی زبان بھی ٹھیک کر دی اور فقرے کے فقرے اس بری طرح کاٹے ہیں کہ اصل عبارت پڑھی نہیں جا سکتی۔ میں نے کہا" خیر میری زبان تو وہ ٹھیک کر سکتے ہیں مگر جس کی کتابیں پڑھ کر ہم سب نے اردو زبان سیکھی ہے، اس کی زبان میں بھی جوشؔ صاحب کو غلطیاں نظر آ گئیں۔ ذرا مجھے اصلاح شدہ نسخہ بھیج دیجیے۔ تاکہ میں بھی جوش صاحب کے افادات سے محروم نہ رہوں۔" حقی صاحب بردبار آدمی ہیں، انھوں نے بہ لطائف الحیل اس قضیہ کو ٹالا اور میں نے دلی سے ایک اور نسخہ مہیا کر کے انہیں بھیجا۔ دارالترجمہ کے ناظم مولوی عنایت اللہ مرحوم بڑے مرنجان مرنج آدمی تھے۔ ان کی باتوں سے مجھے اندازہ ہوا تھا کہ وہ جوشؔ صاحب سے خوش نہیں

تھے۔ جب کام کرنے کا یہ اسلوب ہو تو کوئی خوش ہو بھی کیسے سکتا ہے؟

دلی آنے کے بعد جوش صاحب نے ایک ادبی ماہنامہ جاری کیا۔ انھوں نے یہ نہیں دیکھا کہ جو ادبی ماہنامے شائع ہو رہے ہیں ان کی مالی حالت کیسی ہے اور انھیں کیسے چلایا جا رہا ہے۔ یار لوگوں نے ورغلایا اور جوشؔ صاحب چڑھ گئے سولی پر۔ دریا گنج میں ایک مکان کرایہ پر لیا گیا اور بڑیوں کے کٹڑے میں دفتر کے لیے ایک بالا خانہ کروفر سے سجایا گیا۔ ایک دفعہ مجھے بھی اس دفتر میں جانے کا اتفاق ہوا۔ جوش صاحب کو واہ واہ کرنے والے گھیرے رہتے۔ دن بھر چائے، شربت، پان، سگریٹ سے تواضع ہوتی۔ ادھر سورج غروب ہوا ادھر جوش صاحب پیمانہ بکف طلوع ہوئے۔ مفت خوروں کو بھی چسکی لگانے کا موقع ملا۔ گھنٹہ ڈیڑھ گھنٹہ یہ شغل رہا۔ اس کے بعد سب اپنے اپنے گھر سدھارے۔ ادبی رسالے کہیں ایسے شاہ خرچیوں سے چلتے ہیں؟ چند مہینے بعد دفتر چھوڑنا پڑا۔ گھر ہی میں دفتر بھی چلا گیا۔ پرچہ چلنے کی کوئی صورت نہیں نکلی۔ جوشؔ صاحب کو یہ مغالطہ تھا کہ جتنی اچھی وہ نظم لکھتے ہیں اتنی ہی اچھی نثر بھی لکھتے ہیں۔ ایک نیا مضمون نگار اسرائیل احمد خاں انھوں نے خدا جانے کہاں سے تلاش کر کے نکالا تھا۔ وہ اینڈے بینڈے مضامین لکھا کرتا تھا۔ یہ زمانہ تھا ہمایوںؔ ادبی دنیا، نیرنگِ خیال، عالمگیرؔ اور ساقیؔ کے شباب کا۔ جوشؔ صاحب نے محسوس کر لیا کہ پبلک بڑی ناقدر شناش ہے، وہ نسل کبھی مستقبل بعید میں پیدا ہو گی جو ان کے رسالہ "کلیم" کی صحیح قدردانی کر سکے گی۔ رسالہ بند کرنے کے بعد انھوں نے ایک مقامی پبلشر سے اپنی کتابیں چھپوانے کا معاملہ کیا۔ چندے ان کی رائلٹی پر گزارہ ہوا۔ پھر یہ سُنا کہ ملیح آباد کی طرف ان کا کوئی بہت بڑا زمیندار عزیز مر رہا ہے یا مر گیا ہے اور اس کی پوری املاک کے وارث جوشؔ صاحب ہی ہیں۔ اب انھیں کئی کروڑ روپیہ ملنے والا ہے اس لیے وہ دلی سے چلے گئے ہیں۔ یہ سننے میں آج تک نہیں آیا کہ انھیں وہاں سے کیا

ملا۔

جوشؔ صاحب کے دورانِ قیام دہلی ہی میں ایک دفعہ کرنل اشرف الحق دلی آئے تو مجھ سے کا کہ جوشؔ صاحب کے ہاں چلو۔ میں نے کہا "مجھے تو ان کا گھر معلوم نہیں کہ کہاں ہے۔ کہیں دریاگنج میں رہتے ہیں۔ پھر آپ ہی نے تو کہا تھا کہ جوشؔ سے دور کی دوستی رکھنا۔ ویسے بھی میں شعر شاعری کا آدمی نہیں اور نہ جوشؔ کا ہم مشرب۔ آج تک میں ان کے گھر نہیں گیا اور نہ وہ میرے گھر آئے۔ سرِ راہے گاہے یا کسی اجتماع میں ان سے سرسری سی ملاقات ہو جایا کرتی ہے۔ آپ ان کے ہاں ہو آیئے میں ساتھ جا کر کیا کروں گا؟ ڈاکٹر صاحب نے اس زمانے میں شراب بالکل چھوڑ رکھی تھی۔ بولے "تمہارا چلنا ضروری ہے۔ اگر وہاں پینے پلانے کا قصہ ہوا تو تم مجھے روک سکوگے۔" لہٰذا مجھے ان کے ساتھ جانا پڑا۔

مغرب کے بعد ہم جوش صاحب کے مکان پر پہنچے۔ نیچے ایک بڑا سا کمرہ تھا جس میں جوشؔ صاحب کے ساتھ پانچ سات آدمی بیٹھے خوش گپیاں کر رہے تھے۔ ڈاکٹر صاحب کو دیکھا تو سب نے اٹھ کر تعظیم دی۔ ڈاکٹر صاحب نے کہا "شاہدؔ کو تو جانتے ہو نا؟" جوشؔ صاحب نے کہا "جی ہاں۔ مگر کبھی ملاقات نہیں ہوتی۔" بیٹھنے کے بعد اوروں سے تعارف ہوا۔ حکیم آزاد انصاری کو میں پہلے سے جانتا تھا۔ اب وہ جوشؔ صاحب کے ہاں مستقلاً آن پڑے تھے۔ بڑھاپے اور بیماری میں ان کا کوئی پرسانِ حال نہیں رہا تھا۔ کبھی کسی کے ہاں اور کبھی کسی کے ہاں جا پڑتے۔ میزبان ان کے ہنر کی وجہ سے انھیں ہاتھوں ہاتھ لیتا۔ اس کے بعد ان سے شعر کہلوا کہلوا کر اپنی بیاض بھرتا۔ جب وہ اپنے شعر دینے میں پس و پیش کرتے تو میزبان اپرانے لگتا۔ حکیم صاحب اس بے غوری اور ناقدری کو تاڑ جاتے اور کسی اور شاگرد یا قدردان کے ہاں اٹھ جاتے۔ ایک صاحب کا تو پورا دیوان آزاد انصاری ہی کا

کہا ہوا ہے۔ دلی میں انہوں نے کئی ٹھکانے بدلے۔ آخر میں ایک مفلس مگر مخلص شاگرد کے ہاں چلے گئے تھے اور جب ان کی حالت بگڑی اور ڈاکٹروں نے جواب دے دیا تو وہ غریب شاگرد حیدرآباد انھیں لے کر پہنچا اور ان کے بیٹے کے گھر انھیں چھوڑ آیا۔ بیٹا اچھا خاصا پیسے والا تھا۔ مگر بہ استکراہ اس نے باپ کو وصول کیا۔ بڈھے میں دھرا ہی کیا تھا۔ دو چار دن بعد اللہ کو پیارا ہو گیا۔ تو یہ آزادؔ انصاری بھی جوشؔ صاحب کے ہاں موجود تھے۔ نہالؔ سیوہاردی بھی پہنچے ہوئے تھے۔ دور شراب تو ہو ہی رہا تھا، ایک گلاس ڈاکٹر صاحب کے لیے اور ایک میرے لیے تیار کر کے پیش کیا گیا۔ ڈاکٹر صاحب نے کہا "شاہد تو نہیں پیتے، اور میں نے بھی آج کل چھوڑ رکھی ہے۔" جوشؔ صاحب نے حیرت سے میری طرف دیکھا اور بے ساختہ ان کے منہ سے نکلا

ساقی کے مدیر اور نہیں ہیں مخمور
برعکس نہند نامِ زنگی کافور!

کیا واقعی بالکل نہیں؟ میں نے کہا "جی ہاں، میں نہیں پیتا۔" جوش صاحب نے ازراہ عنایت مزید اصرار نہیں کیا مگر ڈاکٹر صاحب سے بولے "جی یہ نہیں ہو سکتا۔ آپ کو تو پینی پڑے گی" یہ کہہ کر ان کے ہاتھ میں گلاس تھما دیا، میں نے ڈاکٹر صاحب کو ٹہوکا دیا مگر انھوں نے متاسّف نظروں سے میری طرف دیکھا اور چپکے سے بولے۔ "جوش نہیں مانتا۔ تھوڑی سی پی لینے میں کوئی مضائقہ نہیں۔" جوشؔ صاحب کو سرور گنٹھ رہا تھا، ان کی گل افشانی شروع ہو گئی۔ بلا کا حافظہ پایا ہے اس شخص نے۔ نشہ بڑھتا جاتا تھا اور زبان کھلتی جاتی تھی۔ ملحدانہ رباعیوں کے بعد اپنا فحش کلام سنانا شروع کر دیا۔ جب وہ بھی ختم ہو گیا تو فی البدیہ کہنا شروع کر دیا۔ مگر آخر میں اعتراف بھی کیا کہ اس کا استاد تو رفیع احمد خاں ہے۔ دو گھنٹے بعد میں نے اجازت چاہی تو ڈاکٹر صاحب بھی اٹھ کھڑے ہوئے۔ ان

کے قدم لڑکھڑا رہے ہے۔ بولے "شاہد، تم مجھے گھر پہنچا کر جانا۔" باہر نکل کر میں نے تراہا بیرم خاں کا تانگہ کیا۔ پھاٹک سے ٹیڑھی حویلی تک انہیں سہارا دے کر لے گیا۔ نیچے کرایہ دار تھے، اوپر کی منزل میں ڈاکٹر صاحب کا قیام تھا۔ زینہ طے کرنا ایک عذاب ہو گیا۔ جب انھیں ان کے کمرے میں پہنچایا تو ان کی چھوٹی بیگم جو ان کے ساتھ آئی تھیں بولیں "شاہد میاں، یہ کیا کیا؟" ڈاکٹر صاحب پھٹی پھٹی آنکھوں سے بیوی کی طرف دیکھتے رہے، میں نے کہا "بھابی، یہ جوش صاحب کے ہاں سے آ رہے ہیں؟" چیخ کر بولیں "اس ماٹی ملے کے پاس انھیں کون لے گیا تھا؟" میں نے کہا "خود ہی گئے تھے۔"

"شاہد میاں، تم نے بھی انھیں نہیں روکا؟"

"روکا تھا، بھلا یہ رکنے والے ہیں؟"

ڈاکٹر صاحب بڑبڑائے "عباسی، شاہد کو جانے دو۔ اسے دیر ہو رہی ہے۔"

اس کے بعد خدا جانے میاں بیوی میں کیا فضیحتا ہوا۔ اگلے دن ڈاکٹر صاحب میرے ہاں آئے تو ان کے بیگ میں ولائتی بوتل موجود تھی اور وہ ہر آدھ گھنٹہ بعد گلاس بنواتے اور پیتے رہے۔ ان کی شراب پھر شروع ہو گئی تھی اور اب خود ان کے روکے بھی نہیں رک سکتی تھی۔ پھر دو دن تک ڈاکٹر صاحب نہیں آئے تو مجھے مزاج پرسی کے لیے ان کے گھر جانا پڑا۔ پہلے بھابی اور بچوں کا کمرہ بیچ میں پڑتا تھا۔ بھابی کا چہرہ اترا ہوا تھا۔ بولیں "نہ کچھ کھا سکتے ہیں اور نہ پی سکتے ہیں۔ ابکائی لگی ہوئی ہے۔" ڈاکٹر صاحب کے کمرے میں جا کر دیکھا کہ وہ بے سدھ پلنگ پر پڑے ہوئے ہیں اور ڈاکٹر محمد عمر ان کے سرہانے بیٹھے ہوئے ہیں۔ میرے جاتے ہی ڈاکٹر عمر نے میری ٹانگ لی۔ "اماں کیوں لے گئے تھے انھیں اس کے پاس؟" میں نے کہا "اب کیفیت کیا ہے؟" بولے "مر رہے ہیں۔" میرے پیروں تلے کی زمین نکل گئی۔ لو بھئی، الٹی آنتیں گلے پڑیں۔ پھر ڈاکٹر صاحب کو

بھی کھانسی اٹھی اور وہ اوکتے ہوئے اٹھ بیٹھے۔ آنکھوں میں حلقے پڑے ہوئے، چہرے پر زردی کھنڈی ہوئی۔ سینے میں سانس نہ سماتا تھا۔ مگر خوش مزاجی کی وہی کیفیت۔ ہانپ کر بولے "بھائی یہ عمر کہتا ہے کہ میں مر رہا ہوں، مگر میں مروں گا نہیں، عباسی ایک گلاس بنا دینا۔" ڈاکٹر عمر نے کہا مرنے سے بدتر تو ہو گئے مگر چھوڑتے اب بھی نہیں۔ بولے تیری طرح کم ظرف تھوڑی ہوں، پینے کا نام بھی بدنام کرتا ہے۔" اتنے میں عباسی بیگم گلاس بنا لائیں۔ ڈاکٹر صاحب کے منہ سے لگا دیا۔ پی کر بولے "بھائی اب میری دوا بھی یہی ہے۔" غرض ڈاکٹر صاحب ایک ہفتہ تک زندگی اور موت کی کشمکش میں مبتلا رہے۔ بیہوشی میں ڈاکٹر عمر ان کے انجکشن لگاتے رہے۔ ہوش میں آنے کے بعد انہوں نے شراب نہیں پی۔ مہینہ بھر میں ساؤنٹے ہو گئے اور خیر سے حیدر آباد سدھارے۔

ایک دفعہ کا ذکر ہے کہ پطرس بخاری نے مجھے رُقعہ بھیجا اور زبانی بھی کہلوا بھیجا کہ سالک صاحب آئے ہوئے ہیں، کل رات کا کھانا میرے ساتھ کھانا۔ میں وقتِ مقررہ سے کسی قدر پہلے پہنچ گیا تاکہ سالک صاحب سے باتیں کرنے کا موقع مل جائے۔ ہم دو چار آدمی سالک صاحب سے گپ شپ کر رہے تھے کہ جوشؔ صاحب بھی آن پہنچے۔ علیک سلیک کے بعد کوٹھی کے برآمدے میں گئے۔ وہاں جگل کشور مہرا بیٹھے ہوئے تھے جو اس وقت تک مسلمان نہیں ہوئے تھے اور پطرس بخاری کے پرسنل اسسٹنٹ تھے۔ جوش صاحب نے ان سے پوچھا "پینے پلانے کے لیے کیا ہے؟" انہوں نے گھبرا کر کہا "بخاری صاحب تو نہیں پیتے۔" جوش صاحب نے کہا "وہ نہیں پیتے تو کیا ہم تو پیتے ہیں۔ جاؤ بخاری صاحب سے کہو کہ ہمارے لیے کچھ پینے کو بھیجیں۔" وہ دوڑے ہوئے آئے اور بخاری سے کچھ کھسر پھسر کر کے پھر جوش صاحب کے پاس پہنچے۔ خبر نہیں ان دونوں کے درمیان کیا گزری۔ مہمان آنے شروع ہو گئے، آنے والوں میں بڑے متضاد قسم کے لوگ

تھے۔ خواجہ حسن نظامی بھی تھے اور دیوان سنگھ مفتوں بھی۔ تقریباً بیس جغادری قسم کے حضرات کھانے پر جمع ہو گئے۔ جوش صاحب الگ گھاس پر ٹہلتے رہے تھے۔ مجھے ان کے قریب جگہ ملی۔ پوچھنے لگے اسے کس نے بلا لیا؟ میں نے کہا "کسے؟" خواجہ صاحب کی طرف اشارہ کیا۔ بولے "جب سے یہ آیا ہے واللہ کفن و کافور کی بو چلی آ رہی ہے۔" ان کے اس فقرے کا مزہ اوروں نے بھی لیا اور بات شدہ شدہ بخاری صاحب تک بھی پہنچ گئی۔ وہ کھکھلا کر ہنسے۔ اس کے بعد جوشؔ صاحب نے بھری میز پر بخاری صاحب کو مخاطب کر کے کہا "دو شعر ہو گئے ہیں، سُن لیجیے۔" مجھے تو شعر دیر یاد نہیں رہتے۔ مطلب یہ تھا کہ نام تو بخاری ہے مگر جندڑی اتنی سی ہے کہ پینے کو شراب مانگو تو، ملتا ہے ٹھنڈا، برف کا سادہ پانی۔ سب نے واہ واہ سبحان اللہ میں ان اشعار کو اڑا دیا۔ خود بخاری صاحب نے کسی قسم کی ناگواری کا اظہار نہیں کیا بلکہ خوب داد دی۔

فتحپوری کے قریب ایک ہوٹل میں فراقؔ گورکھپوری دلی آ کر ٹھہرے تھے۔ شام کو ان کے کمرے میں بہت سارے پینے والے شاعر جمع ہوئے۔ ان میں جوشؔ، نہالؔ، مجازؔ اور تاثیرؔ سبھی تھے۔ جوشؔ صاحب تو شاعر انقلاب ہونے کے علاوہ شاعر اعظم بھی ہیں مگر اپنے پندار میں فراقؔ ان سے اپنے آپ کو کم نہیں کچھ زیادہ ہی سمجھتے تھے۔ جوشؔ نے جب رباعیاں کہنی شروع کیں تو فراقؔ نے بھی اردو ہندی آمیز زبان میں روپ سروپ کی رباعیوں کی بھرمار شروع کر دی۔ جوشؔ صاحب نے کبھی کسی سے مقابلہ نہیں کیا۔ خبر نہیں یہ ان کی بزدلی ہے یا شرافت۔ مگر فراق صاحب ہمیشہ میدان میں اتر آتے ہیں اور شمشیر براں بن جاتے ہیں۔ ویسے تو جوشؔ اور فراقؔ میں بڑا دوستانہ تھا اور دونوں ہم نوالہ و ہم پیالہ تھے مگر فراقؔ، جوشؔ کو اپنا حریف سمجھتے تھے۔ جب ہوٹل کے کمرے میں کئی دور ہو گئے تو پینے والوں کے دل کھل گئے اور دلوں کے ساتھ زبانیں بھی کھل گئیں۔ جوشؔ

اور فراقؔ میں چلنی شروع ہوئی، پہلے مذاق ہی مذاق میں پھر نشہ زدہ سنجیدگی کے ساتھ۔ حاضرین میں سے کچھ جوشؔ کے ساتھ ہو گئے اور کچھ فراقؔ کے ساتھ۔ فراقؔ کچھ حد سے آگے ہی نکل گئے۔ نوبت تیزم تازی اور گالی گلوج تک پہنچی۔ اس میں ذرا کمی آتی تو تاثیرؔ کبھی جوشؔ کو شہ دیتا اور کبھی فراقؔ کو۔ فراق ایسے بے قابو ہوئے کہ ماں بہن کی گالیوں پر اتر آئے۔ جوش نے ان گالیوں کو بھی کڑوا گھونٹ بنا کر حلق سے نیچے اتار لیا مگر جب فراق نے بیٹی کی گالی دی تو جوش کے تیور بگڑ گئے۔ بولے "ہم پٹھان ہیں، اب ہم آپ کو قتل کر دیں گے۔" یہ کہہ کر اٹھنے لگے تو سب نے بڑھ کر ان کو پکڑ لیا اور معاملہ رفع دفع کیا۔ اس سارے قضیئے میں تاثیر کے چہرے پر جو خباثت کی خوشی تھی وہ دیکھنے کی چیز تھی۔

جوشؔ صاحب اور علی اختر مرحوم کا کسی بات پر اختلاف ہوا۔ دونوں میں بڑی دوستی تھی۔ کوئی بڑی بیہودہ بات ہوئی ہو گی جوش صاحب کی طرف سے جو علی اختر جیسے سادھو قسم کے آدمی کو ناگوار گزری۔ اس زمانے میں نیازؔ فتحپوری بھی حیدرآباد پہنچے ہوئے تھے۔ ان کے مراسم دونوں شاعروں سے تھے۔ علی اختر تو بے چارے خاموش ہو گئے مگر نیاز صاحب نے محسوس کیا کہ انہیں جوشؔ سے بدلہ لینا چاہیے۔ چنانچہ لکھنؤ واپس پہنچ کر نیاز صاحب نے "نگار" میں کلام جوشؔ پر تنقید لکھنے کا سلسلہ جاری کر دیا۔ جوشؔ نے بڑی عقلمندی کا ثبوت دیا کہ یکسر خاموشی اختیار کی۔ نیاز صاحب بک جھک کر خود ہی خاموش ہو رہے۔ جس نوعیت کی تنقید نیاز صاحب لکھتے ہیں اس سے خود اپنی علمی فوقیت جتانا مقصود ہوتا ہے مگر پڑھنے والا بھانپ جاتا ہے کہ اس میں جو نجھ تو بہت ہوتی ہے خلوص مطلق نہیں ہوتا۔ "اس مصرعہ میں 'ہ' دب رہی ہے۔ یہ مصرعہ چست نہیں ہے۔ پہلے مصرعہ کا دوسرے مصرعہ سے ربط نہیں ہے۔ اس میں تنافر ہے۔ اگر یہ مصرعہ یوں ہوتا تو بہتر

تھا۔" اس کے بعد وہ اپنی اصلاح پیش کر دیتے ہیں اور شعر کا اگلا روپ بھی کھو دیتے ہیں۔ حال ہی میں انہوں نے "نگار" کا "جگر نمبر" شائع کیا ہے۔ ان کا اندازِ تنقید ملاحظہ فرما لیا جائے۔

کرنل اشرف الحق بڑے جہاں دیدہ اور گرم و سرد زمانہ چشیدہ آدمی تھے۔ اوپر سے بالکل ٹھنڈے اور اندر لاوا کھولتا رہتا تھا۔ دو چار ہی باتوں میں تاڑ جاتے تھے کہ کون کتنے پانی میں ہے، ورنہ آزمانے کے لیے کوئی اشقلہ چھوڑ دیتے تھے۔ دکن میں کاماٹنیں رکھنے کا عام رواج تھا۔ یہ پنچ قوم کی جوان عورتیں ہوتی ہیں جو عموماً اوپر کے کام کے لیے رکھی جاتی ہیں۔ ایسی ہی ایک سنگ اسود کی ترشی ہوئی جوان کاماٹن یلا ڈاکٹر اشرف کے ہاں ملازم تھی۔ راوی نے بیان کیا کہ ایک شام کو آواز دینے پر یلا دو گلاس اندر سے بنوا کر لائی۔ جوشؔ صاحب اس کالی پری کو دیکھ کر دیکھتے ہی رہ گئے۔ ڈاکٹر صاحب نے کہا "دیکھتے کیا ہو، اوپر لے جاؤ۔" بس اتنا کہنا کافی تھا، آ گئے تڑی میں۔ لگے ایک طرف لے جا کر التفات کرنے۔ اس نے جھڑک دیا۔ ناکام واپس آئے تو ڈاکٹر صاحب نے کہا "سنو جوشؔ، بیوی میری بھی جوان ہے۔ تمہارا کیا اعتبار، کل کو تم اس پر بھی ہاتھ ڈال دو گے۔ لہٰذا آج سے یہ سلسلہ بند۔" جوشؔ پر گھڑوں پانی پڑ گیا اور شرمندگی میں انہوں نے واقعی گولکنڈہ آنا جانا چھوڑ دیا۔ ڈاکٹر صاحب ہی جوشؔ کے پاس پہنچ جایا کرتے تھے۔

دلی میں ایک جید عالم ہیں مولانا عبد السلام۔ قلندر مزاج اور یونانِ قدیم کے رواقی فلسفیوں جیسے آدمی ہیں۔ عربی، فارسی اور اردو کے منتہی ہیں۔ جس علم سے کہو خدا کے وجود کو ثابت کر دیتے ہیں۔ ان کا سکوت پہاڑوں کا سکوت اور گفتگو دریاؤں کی روانی ہے۔ اب تو اسی سے اونچے ہوں گے۔ جوشؔ صاحب جب دلی آئے تو ان کی تعریف سن کر ان سے ملنے گئے۔ مولانا نے جب جوشؔ صاحب کے خیالات سنے تو ان کا ناریل چٹخا۔

بولے "تمہارا دماغ تو شطاان کی کھڈّی ہے۔" اس سے مختصر اور جامع تجزیہ جوشؔ صاحب کا نہیں ہو سکتا۔

جوش صاحب کٹر کانگریسی تھے۔ مسلمانوں سے انہیں کیا ملتا؟ مسلمان ان کے ملحدانہ اور گستاخانہ خیالات کی وجہ سے انہیں برا سمجھتے تھے، لہٰذا یہ ہندوؤں سے جا ملے تھے۔ پنڈت جواہر لال نہرو اور مسز سروجنی نائیڈو جیسے ادب دوستوں نے ان کی سرپرستی قبول کر لی تھی۔ ایسے رکابییہ مذہب والوں کا کوئی کردار تو ہوتا ہی نہیں۔ جہاں دیکھا توا پات، وہیں گزاری ساری رات۔ کردار تھا یگانہ کا کہ بھوکوں مرا، ذلت و خواری اٹھائی، اور مرتے مر گیا مگر اپنی بات پر اڑا رہا۔ جوش نے ہمیشہ اپنے تر نوالے کی خیر منائی۔ جو شخص خدا کا مذاق اڑا سکتا ہے اور ابلیس و ابو جہل کی عظمت کی قسم کھا سکتا ہے۔ اس کے لئے پاکستان اور قائد اعظم کو برا بھلا کہنا کیا مشکل ہے۔ جو شخص ازراہ تمسخر نہیں بلکہ نہایت سنجیدگی سے ایسی باتیں کرتا ہو تو اس کے لئے مسلمان کیا اور پاکستان کیا! ڈٹ کر پاکستان کی مخالفت کی اور قیام پاکستان کے بعد ہندوستان ہی میں رہ گئے۔ ہندو پرستی کا یہ عالم رہا کہ گاندھی جی کے ہلاک ہونے پر جوش صاحب نے اپنی نظم "شہید اعظم" لکھی۔ ہر چند کہ جوش صاحب کے گزشتہ اعمال اس لائق تھے کہ انہیں پاکستان بدر کر دیا جاتا تاہم پاکستان کی حکومت اور پاکستان کے عوام نے وسیع القلبی سے کام لے کر انہیں امان دی اور ترقیٔ اردو بورڈ میں سولہ سو روپے ماہانہ پر لغت نویسی کے کام پر انہیں لگا دیا۔ جوش اور لغت نویسی! ماروں گھٹنا پھوٹے آنکھ! یہی وہ زمانہ تھا کہ موصوف نے ایک طویل نظم "چنا جور گرم" لکھی جس میں پاکستان کی بھٹی اڑائی اور جسے وہ بڑے طمطراق سے اپنے مخصوص حلقوں میں سناتے پھرتے تھے بے دینی اور پاکستان دشمنی کے باوجود، اور حکموت ہند کی سرپرستی کے باوصف جوش صاحب ہندوستان میں نہیں رہ سکے اور پاکستان

آ گئے۔ خبر نہیں ان کی غیرت نے اس کیسے قبول کر لیا بے دینی کا داغ چھپانے کے لئے انہوں نے مرثیے کہنے شروع کئے اور پاکستان دوستی کے اظہار کے لئے صدر ایوب کی کی شان میں ایک ناصحانہ قصیدہ کہا جو تیوں سمیت آنکھوں میں گھسنا اس کو کہتے ہیں۔

پاکستان بن جانے کے بعد جو مسلمان ہندوستان میں رہ گئے تھے ان کی وفاداری کو ہمیشہ شبہ کی نظر سے حکومت ہند نے دیکھا۔ یہاں تک کہ ابوالکلام آزاد کے بعض بیانات پر پٹیل نے انہیں بھی مطعون کیا۔ مگر جوش صاحب کی وفاداری کسی کو شتبہ نظر نہ آئی۔ پنڈت نہرو مروت کے آدمی ہیں، انہوں نے ان کے حلوے مانڈے کا انتظام کر دیا۔ تقریباً دو ہزار روپے ماہانہ کی انہیں یافت کرادی گئی۔ کام کچھ نہیں، صرف نگرانی اور مشورہ۔ حکومت ہند نے انہیں "پدم بھوشن" کے اعلیٰ خطاب سے بھی نواز دیا۔ دس سال تک جوش صاحب ہندوستان میں خوب موج مارتے رہے۔ لیکن ہندو ایک مسلمان کو اچھے حالات میں دیکھنا بھلا کیسے پسند کر سکتے تھے۔ تاک میں لگے رہتے اور ان کی ذرا ذرا سی بات کی گرفت کرتے جوش صاحب ایک غیر محتاط آدمی، قدم قدم پر ان سے لغزش ہوتی۔ خفیف الحرکتی اور بعض غلط باتیں بھی کرتے۔ یار لوگ بڑھا چڑھا کر اوپر کے حلقوں میں پہنچاتے اور وزیر اعظم کے کان بھرتے۔ پنڈت جی طرح دے جاتے۔ مگر چشم پوشی کی بھی ایک حد ہوتی ہے۔ سنا ہے کہ جوش صاحب کی ساکھ اتنی بگڑ گئی کہ ہندوستان میں ان کا مزید قیام خطرے میں پڑ گیا۔ جب دلی کی فضا ان کے لئے ضرورت سے زیادہ گرم ہو گئی تو انہوں نے پاکستان کا رخ کیا۔ یہاں آکر کراچی کے چیف کمشنر نقوی سے ملے اور ان کے ذریعہ صدر سکندر مرزا سے۔ لو صاحب! یہاں کوئی چار ہزار روپے ماہانہ کا ان کے لئے انتظام ہو گیا۔ یہاں کا معاملہ پکا کر کے موصوف پھر دلی پہنچے اور سنا ہے کہ پاکستان کی پیشکش دکھا کر پنڈت جی سے پھر معاملت کرنی چاہی۔ مگر وہاں سے جواب مل گیا کہ آپ

کا پاکستان چلا جانا ہی بہتر ہے۔ چنانچہ اردو ہندی اور اپنے بچوں کے مستلہا پر ایک بیان دے کر جوش صاحب کراچی چلے آئے۔ ادھر اخبار والوں کو سن گن مل گئی کہ نقوی صاحب نے جوش پر درسی کے لئے کیا کیا اسباب مہیا کئے ہیں۔ اردو اخباروں میں لے دے شروع ہوگئی اور جوش صاحب "از آن سو رانده و ازیں سو درمانده" کی زندہ مثال بن کر رہ گئے۔ چار ہزار روپے ماہوار کا سہانا خواب شرمندۂ تعبیر نہ ہوا۔

اپنے موجودہ حالات سے جوش صاحب سخت نامطمئن و ناخوش ہیں۔ ان کا کہنا یہ ہے کہ مجھ پر پندرہ بیس افرادِ خاندان کا بار ہے۔ اپنی اولاد کے علاوہ اولاد کی اولاد کے بھی جوشؔ صاحب ہی کفیل ہیں۔ بیاہی تیاہی بیٹی اور داماد بھی انہی کے سر ہیں۔ سنا ہے کہ داماد صاحب بی۔ اے، بی ٹی ہیں۔ اسکول کی ملازمت کو بہت گھٹیا چیز تصور کرتے ہیں۔ حضرت جوشؔ کا داماد اور اسکول ماسٹری! دنیا کیا کہے گی؟ لہٰذا مع بیوی اور جوان جوان بچوں کے جوشؔ کے گھر میں ہاتھ پر ہاتھ دھرے بیٹھے ہیں اور شاعر انقلاب کی عزت و آبرو کی حفاظت کر رہے ہیں۔ جوشؔ صاحب ستّر کے لپیٹے میں ہیں۔ اتنی عمر اور اتنی دنیا دیکھنے کے بعد بھی ان کے مزاج کا بھولپن نہیں گیا۔

بھولپن پر ان کے مزاج کا ایک اور پہلو یاد آگیا۔ اپنی شاعری کی بدولت جوش صاحب ہمیشہ سے حکام رس رہے ہیں۔ اہل غرض انھیں گھیرے رہتے ہیں۔ سعی سفارش کرنے میں ذرا بھی ہچر مچر نہیں کرتے۔ سفارش بیشتر نالائقوں ہی کی کی جاتی ہے۔ جوشؔ صاحب نے کسی بڑے آدمی سے کسی کی سفارش کی اور اس کی تعریف کے پل بھی باندھ دیے۔ بڑے آدمی نے کہا "مگر جوشؔ صاحب، یہ صاحب تو اس جگہ کے لیے موزوں نہیں ہیں۔"

"جی اور کیا بالکل ناموزوں ہیں۔"

"تو اس صورت میں یہ جگہ تو انہیں نہیں دی جاسکتی۔"

چلیے چھٹی ہوئی۔ امیدوار سے کہہ دیا کہ "صاحب آپ تو اس جگہ کے لیے قطعی ناموزوں ہیں۔"

اس نے واویلا مچایا کہ "حضرت مجھ سے زیادہ موزوں تو کوئی اور ہے ہی نہیں۔"

"یقیناً آپ سے زیادہ موزوں کوئی اور کیسے ہو سکتا ہے۔"

"صاحب یہ بڑا متعصب افسر ہے۔"

"جی ہاں۔ میرا بھی یہی اندازہ ہے۔ سخت متعصب ہے کم بخت۔"

غالباً جوش صاحب سب کو خوش کرنے کی کوشش کرتے ہیں اس لیے ان کی گفتگو ہمیشہ اثباتی ہوتی ہے۔ اسے آپ چاہیں تو ان کا بھولپن کہہ لیں، چاہے یہ کہہ لیں کہ جوش صاحب بے پیندی کے بدھنے ہیں۔

اسی سے ملتا جلتا واقعہ گلڈ کے قیام کے وقت پیش آیا۔ جمیل جالبی صاحب سے جوش صاحب کا خاصہ ربط ضبط ہے۔ طے پایا کہ جمیل صاحب جاکر جوش صاحب کو گلڈ کے پہلے اجلاس میں شرکت کی دعوت دیں۔ جمیل صاحب نے مجھے بھی ساتھ لے لیا۔ ڈرگ روڈ میں ان کی کوٹھی پر پہنچ کر پھاٹک پیٹا تو ایک ادھیڑ عمر کے صاحب تشریف لائے اور بولے "آہا، میں اطلاع کرتا ہوں۔" جمیل صاحب نے بتایا کہ یہی وہ جوش صاحب کے معروف داماد ہیں جو کچھ نہیں کرتے۔ تھوڑی دیر میں لوٹ کے آئے اور بولے "چلے جایئے"۔ کمرے میں جوش صاحب براجمان تھے اور ان کے چند ہوا خواہ انہیں گھیرے ہوئے تھے۔ جمیل صاحب نے گلڈ کی مختصر روداد سنائی اور جوش صاحب سے شرکت کی استدعا کی۔ بولے "ضرور، ضرور۔ مگر آپ آکر مجھے لے جائیں۔" جمیل صاحب نے کہا "میں خود آکر آپ کو لے جاؤں گا۔" مگر وقت مقررہ پر جب جمیل صاحب انہیں لینے گئے تو بے

نیلِ مرام واپس آئے۔ بعد میں معلوم ہوا کہ جو لوگ انہیں گھیرے رہتے ہیں۔ انہوں نے جوشؔ صاحب کو یہ کہہ کر بُشکا دیا کہ گلڈ کی طرف سے آپ کو کوئی عہدہ تو پیش ہی نہیں کیا گیا۔ اس صورت میں آپ کا جانا مناسب نہیں۔ دوسرے دن الیکشن ہونے والا تھا۔ اس میں پانچ چھ سو ادیب اور شاعر عہدیداروں اور مجلس عاملہ وغیرہ کا انتخاب کرنے والے تھے۔ گھر بیٹھے جوشؔ صاحب کو عہدہ کون دے جاتا؟ چنانچہ آج تک جوشؔ صاحب گلڈ کے ممبر نہیں بنے اور ان کے دل میں یہی سمائی ہوئی ہے کہ انہیں گلڈ میں کوئی بڑا عہدہ ملنا چاہیے۔ گویا گلڈ میں عہدوں کی خیرات بٹ رہی ہے جس کی تقسیم ان کے گھر سے شروع ہونی چاہیے۔

بہت سی خرابیاں ہیں جوشؔ صاحب میں۔ خرابیاں سب میں ہوتی ہیں، کسی میں کم کسی میں زیادہ۔ مگر اپنی تمام خرابیوں کے باوجود جوشؔ ایک مقناطیسی شخصیت کے مالک ہیں۔ ان سے طبیعت متنفر نہیں ہوتی۔ ان سے محبت کرنے کو جی چاہتا ہے۔ شعر کا تو ان کے جواب ہی نہیں ہے۔ مشاعروں میں جب وہ پڑھتے ہیں تو سب کے چراغ گل ہو جاتے ہیں۔ باتیں بھی بھولی بھولی اور مزے دار کرتے ہیں۔ بس۔ وہ کہیں اور سنا کرے کوئی۔ ایک پٹا ہوا مفلس شاعر پاکستان میں ان سے لپٹ گیا۔ کبھی حیدر آباد میں ان کی جان کو لگا رہتا تھا۔ کچھ عرصہ ہوا اچانک اس کا انتقال ہو گیا۔ اللہ اس کی روح کو نہ شرمائے، بڑا ہی بے غیرت تھا۔ جوشؔ صاحب نے اس کا نام ہی کتا رکھ دیا تھا۔ سنٹرل ہوٹل میں جوشؔ صاحب کو کسی نے عصرانہ دیا۔ عصرانہ ختم ہوا، جوشؔ صاحب نے اپنا کلام سنانا شروع کیا کہ مرحوم سپڑ سپڑ کرتا آ پہنچا۔ جوش صاحب نے میزبان سے کہا "دیکھو، وہ کتا آیا ہے، اسے کچھ کھانے کو دو۔" کتے نے خوب سیر ہو کر کھایا اور داد دینے آ بیٹھا۔ مرحوم ہر فن مولا تھا، نثر بھی لکھتا تھا، شعر بھی کہتا تھا، یزید کی تعریف میں ایک پوری کتاب بھی اس

نے لکھی تھی جسے چھاپنے کے لیے اسے کوئی پبلشر نہیں ملتا تھا۔ گانے بجانے میں بھی کچھ دخل تھا۔ کھانے بھی پکالیتا تھا۔ ایک دفعہ جوشؔ صاحب سے بولا۔

"مچھلی تو کبھی میں آپ کو پکا کر کھلاؤں گا۔ آپ انگلیاں ہی چلاتے رہ جائیں گے۔"

"ارے بھئی تو کھلاؤ نا کسی دن۔"

"کل ہی لیجیے۔"

اگلے دن وہ مچھلی پکا کر لے گیا۔ اچھی پکائی تھی، مگر چلتے وقت پتیلی کے ساتھ سولہ روپے کچھ آنے بھی لاگت کے جوشؔ صاحب سے لے گیا۔

جوشؔ صاحب جس گھن گرج کے شعر کہتے ہیں پڑھتے بھی اسی گھن گرج سے ہیں۔ روزانہ صبح کو باقاعدگی سے شعر کہتے ہیں۔ شائقین ان کا کلام سننے کے لیے بے تاب رہتے ہیں۔ آج تک کوئی پھسپھسا شعر ان کا نہیں سنا۔ سابق چیف کمشنر نقوی نے سابق صدر سکندر مرزا کو باور کرادیا تھا کہ جوشؔ اردو کا سب سے بڑا شاعر ہے، یہ لطیفہ حکومت کے ایک بڑے عہدیدار نے سنایا کہ کوئی وزیر قسم کا انگریز پاکستان آیا ہوا تھا۔ ایوانِ صدر میں اس کے اعزاز میں ڈنر تھا۔ معزز مہمانوں میں جوشؔ صاحب بھی شامل تھے۔ آج کل تو کھڑا کھانا (بُوفے) ہوتا ہے۔ کھاتے بھی جاؤ اور ذرا ٹہل ٹہل کر مہمانوں سے باتیں بھی کرتے جاؤ۔ معزز مہمان کے ساتھ ٹہلتے ہوئے سکندر مرزا جوشؔ صاحب کے قریب آ گئے۔ جوشؔ صاحب کا نام تو انہیں یاد نہ آیا، تعارف کراتے ہوئے بولے۔

"MEET THE GREATEST POET OF URDU"

وہ بھی ایک ہی بوجھ بجھکڑ تھا۔ ہاتھ بڑھا کر بولا۔

".OH! SEE! SO YOU ARE MR. GHALIB"

انجمن دانشورانِ ادب کے صدر جناب عبدالخالق عبدالرزاق ایک قابل اور علم

دوست آدمی ہیں۔ اصل وطن تو دلی تھا مگر سالہا سال سے کراچی میں رہتے ہیں۔ سگریٹ کنگ کہلاتے ہیں۔ مہینے دو مہینے میں ان کے ہاں ایک پر تکلف دعوت ہوتی ہے۔ جس میں پندرہ بیس ممبر اور دو چار اعزازی مہمان شریک ہوتے ہیں۔ اتفاق سے اس انجمن کے تقریباً تمام ممبر خوش خور بھی ہیں (سوائے جناب صدر کے، جو کھاتے کم ہیں مگر کھلا کر زیادہ خوش ہوتے ہیں) لہٰذا شیخ صاحب کھانے کا نت نیا اہتمام کرتے ہیں۔ کبھی بریانی اور قورمہ کی دعوت ہوتی ہے، کبھی سیخ کے کباب اور پوریوں کی۔ کبھی مرغ مسلم کی، اور کبھی آموں کی۔ جاڑوں میں نہاری اور پایوں کی دعوت ہوتی ہے۔ کبھی کبھی اس میں جوشؔ صاحب بھی شریک ہوتے ہیں۔ شیخ صاحب ان کے قدردان اور ناز بردار ہیں۔ اس لیے ان کے لیے عمدہ سے عمدہ شراب بھی منگواتے ہیں۔ مغرب کے بعد ہی مہمان جمع ہو جاتے ہیں۔ فضلی، ماہر القادری، محمد تقی، رئیس امروہوی، جون ایلیا، رزاق الخیری، اے ڈی اظہر، صہباؔ لکھنوی، ممتاز حسین، شان الحق حقیؔ، الطاف گوہر، مہاجر صاحب اور کئی اور حضرات جن کے نام اس وقت یاد نہیں آرہے، شیخ صاحب کی کوٹھی کے کشادہ اور سرسبز صحن میں بیضوی حلقے میں کرسیاں لگی ہوئی ہیں۔ مہمان آتے جاتے ہیں اور بیٹھتے جاتے ہیں۔ ہنسی مذاق کی باتیں ہوتی ہیں۔ جوشؔ صاحب کی میز الگ ایک طرف لگی ہوئی ہے۔ شراب کی بوتل ہے، سوڈا ہے، تھرمس میں برف کی ڈلیاں ہیں، دو گلاس ہیں۔ ایک ٹائم پیس بھی میز پر دھری ہوئی ہے۔ کیونکہ جوشؔ صاحب گھڑی رکھ کر پیا کرتے ہیں۔ وقت ختم ہوا شراب کا دور ختم ہوا۔ مجازؔ مرحوم کو بھی جوشؔ صاحب نے نصیحت کی تھی کہ مارں گھڑی رکھ کر پا کرو۔ اس بلانوش نے جواب ب ش کہا تھا کہ "مروابس چلے تو گھڑا رکھ کر پو ہس۔"

جوشؔ صاحب کا ساتھ دینے کے لیے ایک اور صاحب جا بیٹھے ہیں۔ جوشؔ پیتے رہتے

ہیں، یہ چسکی لگاتے رہتے ہیں۔ گھنٹہ ڈیڑھ گھنٹہ میں جوشؔ صاحب پانچ چھ گلاس پی جاتے ہیں، یہ دو ہی میں چھک جاتے ہیں اور جب کھڑے ہوتے ہیں تو ان کی ٹانگیں لڑکھڑانے لگتی ہیں۔ جوشؔ صاحب میں کوئی فرق دکھائی نہیں دیتا۔ کھانے کا وقت ہو گیا۔ لمبی میز پر کھانا چنا گیا۔ کھڑا کھانا بھی ہوتا ہے اور بٹھا کھانا بھی۔ جوش صاحب کا کھانا انہی کی میز پر پہنچ گیا۔ ماشاء اللہ خوش خور ہیں۔ جبھی تو ستر سال کی عمر میں بھی ٹانٹے بنے ہوئے ہیں۔ سچ ہے "ایک ڈاڑھ چلے، ستر بلا ٹلے۔" شیخ صاحب ایک ایک کے پاس جا کر کہتے ہیں "آپ نے یہ تو لیا ہی نہیں۔" آپ تو کچھ کھا ہی نہیں رہے۔" بھائی آپ کیا کر رہے ہیں؟ یہ لیجیے نا۔" اصرار کر کر کے سب کو کھلا رہے ہیں۔ "شیخ صاحب، آپ بھی تو کچھ لیجیے نا"، "جی ہاں، میں بھی کھا رہا ہوں۔" یہ کہہ کر انھوں نے کچھ چینگ لیا اور آگے بڑھ گئے۔ ماہر القادری کھانے کے ساتھ پورا پورا انصاف کرتے ہیں۔ یعنی اتنا کہ اس کے بعد مزید انصاف کرنے کی گنجائش نہیں رہتی۔ اتنے میں برف میں لگے ہوئے آم آجاتے ہیں تو مولانا تاسف سے فرماتے ہیں "ارے! یہ تو پہلے بتا دینا چاہیے تھا کہ آم بھی ہیں۔" میں نے کہا "یہی تو نقصان ہے مولانا شارٹ ہینڈ میں کھانے کا۔" اور صہباؔ کہتے ہیں "قوم کا نقصان کر دیا شیخ صاحب نے۔" پھر قوم آموں پر دست درازی شروع کرتی ہے مگر مولانا ماہر القادری بھی تین دانوں سے زیادہ نہیں کھا سکتے۔ آموں سے نمٹنے نہیں پاتے کہ آئس کریم آجاتی ہے۔ مولانا افسردگی سے کہتے ہیں "لیجیے ابھی یہ بھی باقی ہے۔" اس کے لیے بھی کہیں نہ کہیں گنجائش نکل آتی ہے۔

کھانے سے فارغ ہو کر سب کرسیوں کے حلقے میں آ بیٹھتے ہیں۔ جوشؔ صاحب بھی حلقے میں شامل ہو جاتے ہیں۔ ان کے دائیں ہاتھ سے شعر خوانی کا چکر چلتا ہے۔ شاعر اپنا اپنا کلام سناتے ہیں۔ آخر میں جوش صاحب کا نمبر آتا ہے۔ وہ خوب اسٹیم بھر چکے ہیں۔

ایک بیاض سامنے رکھ کر شروع ہو جاتے ہیں۔ کس بلا کا کلام ہے! سُننے والے پھڑک پھڑک کر داد دیتے۔ بیسیوں بند کی طویل نظم ہے مگر اکھرتی نہیں۔ جی یہی چاہتا ہے کہ نظم کبھی ختم نہ ہو۔ اور ماشاء اللہ کتنی جان ہے پڑھنے والے میں۔ پوری آواز سے پڑھتے گھنٹہ ڈیڑھ گھنٹہ ہو گیا۔ آواز کھر کھرائی تک نہیں۔ کیا اس شاعر کا یہی ایک وصف ایسا نہیں کہ اس کے تمام عیوب کو نظر انداز کر کے اسے گلے سے لگالیا جائے؟

نازت بکشم کہ نازنینی

***

۲

جگر مرادآبادی

بعض چہرے بڑے دھوکہ باز ہوتے ہیں۔

کالا گھٹا ہوا رنگ، اس میں سفید سفید کوڑیوں کی طرح چمکتی ہوئی آنکھیں، سر پر الجھے ہوئے پٹھے، گول چہرہ، چہرہ کے رقبے کے مقابلے میں ناک کسی قدر چھوٹی اور منہ کسی قدر بڑا، کثرتِ پان خوری کے باعث مُنہ اگالدان، دانت شریفے کے بیج اور لب کلیجی کے دو بوٹیاں، بھرواں کالی ڈاڑھی، ایڈورڈ فیشن کی، سر پر تُرکی ٹوپی، بر میں اچکن، آڑا پاجامہ، نیم ساق چک چوڑیاں پڑی ہوئیں، پاؤں میں پٹینٹ کی گرگابی، بائیں ہاتھ میں ایک میانہ قدو قامت کا اٹاچی کیس۔ کوئی بتیس سال ادھر کا ذکر ہے جھانسی میں ایک صاحب سر جھکائے قدم بڑھائے اپنے دھن میں جھومتے چلے جارہے تھے۔ میرے میزبان نے اشارے سے بتایا "یہ ہیں جگرؔ صاحب۔" میں نے سُنی ان سنی کردی۔ ہوں گے کوئی، میں نے کبھی ان کا نام بھی نہیں سُنا تھا۔ میرے میزبان نے کہا "آج رات مشاعرہ ہے۔ آپ کو لے چلیں گے۔" میں نے کہا "کسی اور بُرے کام میں وقت کیوں نہ ضائع کیا جائے؟ کوئی گویّا ہو تو اس کا گانا سنا جائے۔" وکیل صاحب نے کہا "اس کا بھی انتظام کیا ہے ہم نے، کل ہم آپ کو یہاں کے ایک استاد کا گانا سنوائیں گے۔ مگر آج آپ مشاعرے میں ضرور چلیے۔ جگرؔ صاحب کا کلام آپ نے غالباً سُنا نہیں ہے۔ سننے کے لائق ہے۔" میں نے جی

میں کہا۔ لو بھئی آج کی رات تو غارت ہوئی۔ قہر درویش بجانِ درویش۔ میزبان کی خواہش کا احترام بھی ضروری تھا۔ طوعاًو کرہاًرات کو مشاعرے میں چلنے کی حامی بھر لی۔

پنڈال کُشادہ بنایا گیا تھا اور روشنیوں سے جگمگا رہا تھا۔ اگلی صفوں میں ہمیں جگہ دی گئی۔ مشاعرہ شروع ہونے میں کچھ دیر تھی۔ وکیل صاحب سے باتوں باتوں میں معلوم ہوا کہ جھانسی میں آئے دن مشاعرے ہوتے رہتے ہیں اور ان مشاعروں کی جان جگرؔ صاحب ہوتے ہیں۔ ہر پھر کے جگرؔ صاحب ہی کی تعریف ہوئے جا رہی تھی۔ میں نے وکیل صاحب سے کہا "یہ تو بتایئے کہ جگرؔ صاحب کون ہیں اور کیا ہیں؟" انہوں نے مجھے ایسی استعجابی نظروں سے دیکھا جیسے میں نے کوئی نہایت احمقانہ بات کہہ دی ہو۔ بولے "بہت اچھے شاعر ہیں، عینکوں کے ایجنٹ ہیں۔" میں نے کہا "اوہو! عینک بیچتے ہیں تو یقیناً بہت اچھے شاعر ہوں گے۔" وکیل صاحب کے چہرے پر خفّت کے آثار نمودار ہوئے اور کسی قدر ناگواری کے بھی۔ میں نے اس تکدّر کو ٹالنے کے لیے کہا "اندھوں کو آنکھیں دیتے ہیں، اور کیا چاہیے۔" وکیل صاحب ہنسنے لگے۔

شُعرا کی آمد آمد ہوئی۔ مشاعرے کے کارکنوں نے انہیں ہاتھوں ہاتھ لیا اور ڈائس پر پہنچا دیا۔ تھوڑی دیر میں جنابِ صدر بھی تشریف لے آئے۔ ضلع کے حاکم تھے۔ ان کے مسندِ صدارت سنبھالتے ہی مشاعرہ شروع ہو گیا۔ پہلے چھٹ بھیوں نے لہک لہک کر اپنا کلام سنایا۔ پھر بیچ کی راس کے شاعروں نے، ان کے بعد جغادریوں نے۔ اتنے میں شور برپا ہوا "آ گئے جگرؔ صاحب آ گئے۔" انہیں ڈائس پر پہنچایا گیا اور وہ سلام کر کے جنابِ صدر کے پہلو میں جا بیٹھے۔ پڑھنے والوں کے چہرے اتر گئے۔ اب جو پڑھنے آتا، گھبرایا بَولایا آتا اور گھاس سی کاٹ کر چل دیتا۔ جب سب پڑھ چکے تو جنابِ صدر نے جگرؔ صاحب سے درخواست کی اور سارا پنڈال تالیوں سے گونج گیا۔ جگرؔ صاحب خندۂ دنداں

نما کرتے آگے بڑھ آئے۔ وکیل صاحب نے زیر لب فرمایا "اب جگرؔ تھام کے بیٹھو مری باری آئی۔" میں نے پوچھا "یہ آپ مجھ سے فرما رہے ہیں یا جگر صاحب سے؟" وکیل صاحب کھسیانی ہنسی ہنس کر رہ گئے۔ جگرؔ صاحب نے گنگنا کر سُر قائم کیا اور اپنے مخصوص ترنم میں غزل سنانی شروع کی۔ مطلع سے مقطع تک غزل کا انداز ہی نیا تھا۔ اس پر خوش گلوئی! پنڈال اڑا کر رکھ دیا۔ کئی کئی دفعہ ایک ایک شعر کو پڑھوایا گیا۔ میں نے جگرؔ سے پہلے اتنا سریلا شاعر اور کوئی نہیں سُنا۔ یا پھر گانے والے شاعر سنے تھے جو باقاعدہ تان پلٹے کرتے تھے، مثلاً حفیظؔ، ساغرؔ، روشؔ صدیقی وغیرہ۔ یہ بڑی عجیب بات تھی کہ جگرؔ صاحب کا پڑھنا ترنم ہی رہتا تھا۔ گانا نہیں بنتا تھا۔ جگرؔ صاحب کو اس مشاعرہ میں سن کر میں بھی ان کے مداحوں میں شامل ہو گیا

خاکسارانِ جہاں را بہ حقارت منگر
توچہ دانی کہ دریں گرد سوارے باشد

میں ۳۱ء یا ۳۲ء میں حیدرآباد گیا تھا۔ واپسی میں دو دن کے لیے سید ابو محمد مرحوم کے ہاں بھوپال میں ٹھہرا تھا۔ سید صاحب بڑی خوبیوں کے آدمی تھے۔ آپ انہیں یوں پہچانیے کہ سید ابوالاعلیٰ مودودی کے برے بھائی تھے۔ جگرؔ صاحب اس زمانے میں بھوپال ہی میں تھے۔ خبر نہیں کہاں سے انہیں معلوم ہوا۔ تیسرے پہر کو مجھ سے ملنے چلے آئے، ان سے یہ میری پہلی ملاقات تھی۔ بڑے خلوص و محبت سے گلے ملے۔ میری خیریت پوچھی، ساقیؔ کی کیفیت دریافت کی۔ خود ہی ساقیؔ کے لیے اپنا کلام بھیجنے کا وعدہ کیا۔ وہیں بیٹھے بیٹھے اپنی ایک غزل لکھ کر دی۔ بڑے خوش خط تھے جگرؔ صاحب۔ جو انداز پُرانے زمانے کی وصلیوں کا ہوتا ہے اسی انداز میں یہ غزل قلم برداشتہ لکھی تھی مگر موتی جڑ دیے تھے، اختتام پر اپنے نام کا طُغرا بنا دیا تھا۔ مزاج کی نفاست زبانِ قلم سے بھی ٹپکتی

تھی۔ کتنی خوبصورتی چھپی ہوئی تھی اس ظاہرہ بد شکل انسان کے اندر! میری فرمائش پر غزل پڑھ کر بھی سُنائی۔ نُور کا گلا پایا تھا۔ اندھیرے میں سے روشنی پھوٹ رہی تھی۔ کیا آبِ حیواں کی طرح دُنیا کی تمام بیش قیمت اور حسین چیزیں تاریکی ہی میں ہیں؟

میرے ہاں دلّی کے آخری نرت کے استاد اللہ دیے خاں آیا کرتے تھے۔ عمر ستر سے اوپر ہی تھی۔ سُوکھ کر چمرخ ہو گئے تھے، دانت ٹوٹے ہوئے، گال پچکے ہوئے۔ بڑی بڑی گھنی سفید مونچھیں، ڈاڑھی منڈی ہوئی مگر بقول مرزاؔ چیونٹیوں کے انڈے موجود رہتے۔ بصورتِ موجودہ کوئی استاد کو اپنے پاس بٹھانے تک کا روادار نہ ہوتا۔ مگر جب وہ ٹھمری یا دادرے کا کوئی بول لگا کر بتاوا شروع کرتے تو یہ معلوم ہوتا کہ اندر کے اکھاڑے کی کوئی اپسرا اتری آئی ہے۔ اسی کریہہ منظر بوڑھے استاد کو گلے لگا لینے کو جی چاہنے لگتا۔ شاید فنکار کا فن ہمیشہ جوان و حسین رہتا ہے اور اس کی خوبصورت روح اس کے بدصورت جسم کی پردہ پوش ہو جاتی ہے۔ جگرؔ صاحب بھی جب اپنا کلام سناتے تو حسین نظر آنے لگتے۔

بھوپال کی مختصر ملاقات کے بعد جگرؔ صاحب سے اکثر ملنا ہوتا رہا۔ ان مختصر ملاقاتوں میں کبھی کبھی شعر و شاعری پر بھی بات چل نکلتی تو جگرؔ صاحب کیٹسؔ اور شیلےؔ تک کے نام لے جاتے۔ باتیں خاصی معقول کرتے تھے۔ اوچھے پن کی حرکتیں نہیں کرتے تھے اور نہ ضرورت سے زیادہ بے تکلف ہوتے تھے۔ ان کے مزاج کی شائستگی ان کی غزل میں ڈھل گئی تھی۔ ان سے کبھی کسی کی برائی نہیں سُنی اور نہ کبھی یہ سُنا کہ کسی کو دھوکہ دیا، یا کوئی بیہودہ بات کی۔ وہ صحیح معنوں میں ایک شریف النفس انسان تھے۔ کارڈنیل نیومن نے GENTLE MAN جنٹل مین کی تعریف یوں کی ہے کہ وہ کسی کو دُکھ نہیں پہنچاتا۔ جگر صاحب ایک PERFECT GENTLE MAN تھے۔

نیاز فتح پوری STUNTS کے قائل ہیں۔ وہ ہمیشہ چونکانے کی کوشش کرتے ہیں۔ مثلاً آپ کہیں گے کہ جنت اور دوزخ ہے تو وہ کہیں گے نہیں ہے۔ آپ کہیں گے خدا ہے تو وہ کہیں گے نہیں ہے، آپ کہیں گے قرآن شریف کلام اللہ ہے تو کہیں گے کلام رسول ہے۔ آپ کہیں گے یہ دن ہے تو وہ کہیں گے نہیں، رات ہے۔ برنارڈ شاہ کے ایک کردار کی طرح اختلاف ضرور کریں گے۔ اس نے کہا "بیٹھ جاؤ۔" تو بولا "نہیں، میں کھڑا رہوں گا۔" کہا "اچھا تو کھڑے رہو۔" "نہیں میں بیٹھوں گا۔" یہ کہہ کر بیٹھ گیا۔ تو اسی سے ملتی جلتی فطرت نیاز صاحب کی ہے۔ حال ہی میں انہوں نے "نگار" کا "جگرؔ نمبر" شائع کیا ہے۔ جگرؔ کے انتقال پر ہندوستان اور پاکستان میں بہت سوگ منایا گیا۔ اور کئی رسالوں نے جگرؔ نمبر شائع کیے۔ نیاز صاحب بھلا ٹھنڈے پیٹیوں تعریف و توصیف کے اس پشتارے کو کیسے گوارا کر لیتے؟ چنانچہ انہوں نے بھی ایک جگر نمبر شائع کر دیا۔ جس میں سوائے جگر کی برائی کے اور کچھ نہیں ہے۔ اس نمبر کا حشر تو وہی ہو گا جو آسمان پر تھوکنے کا۔ مجھے یہاں ایک واقعہ کی وضاحت کرنی ہے جو اس نمبر میں درج کیا گیا ہے۔ کچھ عرصہ ہوا کراچی میں ایک مشاعرہ ہوا تھا جس کی صدارت کے لیے جناب نیازؔ کو لکھنؤ سے بلوایا گیا تھا۔ کس نے بُلایا تھا اور کیوں بُلایا تھا؟ اس کو اس وقت چھوڑیے، نیاز صاحب نے لکھا ہے کہ انہیں کراچی پہنچ کر معلوم ہوا کہ جگرؔ صاحب کراچی میں موجود ہیں مگر انہوں نے نیاز صاحب کی صدارت میں پڑھنے سے انکار کر دیا۔ نیازؔ صاحب نے جگرؔ کے انکار کی وجہ ان تنقیدوں کو قرار دیا جو کبھی نگار میں انہوں نے کلامِ جگرؔ پر لکھی تھیں۔ مگر ہوا یہ کہ جگرؔ صاحب مشاعرے میں آئے، اور انہوں نے کلام بھی سنایا۔ اس واقعہ کو لکھ کر نیازؔ صاحب نے بتایا ہے کہ جگرؔ چونکہ پیسے لے کر پڑھتے تھے اس لیے وہ مشاعرے میں شرکت پر مجبور تھے۔ پھر اس سے یہ نتیجہ نکالا کہ پیسے لے کر پڑھنے والے شاعر کا کلام

پھسپھسا ہوتا ہے۔ اسی مفروضہ پر نیاز صاحب نے اپنی جانب میں اس خاص نمبر میں کلام جگر کے بخئے ادھیڑ دیے ہیں۔ مگر جب آپ ان کے اعتراضات پڑھیں گے تو آپ کو اس بوڑھے علامہ کے بچکانہ اعتراضات پر ہنسی آنے لگے گی۔ خیر، یہ ایک الگ لغویت ہے جس سے محظوظ ہونے کے لیے اگر آپ وقت نکال سکتے ہوں تو نکال لیجیے۔ ہمیں تو صرف اس مشاعرے والے واقعہ سے سروکار ہے۔ جگرؔ اتنے چھوٹے دل کے آدمی نہیں تھے کہ نیازؔ صاحب کی تنقید سے چراغ پا ہو جاتے اور سالہا سال تک ان سے دل میں بغض رکھتے۔ جگرؔ صاحب کا ساری عمر یہ عمل رہا کہ اپنے بدخواہوں کو معاف کر دیتے تھے۔ ان کے نزدیک یہی سب سے بڑی سزا تھی۔ اس کے علاوہ اخلاقی اعتبار سے جگرؔ صاحب اتنے گرے ہوئے بھی نہیں تھے کہ کراچی کا مشاعرہ نہ پڑھتے تو ان کے ہاں فاقے پڑ جاتے۔ جگرؔ صاحب کراچی آکر مہینوں رہتے تھے اور بغیر مشاعروں کے بھی رئیسوں کی سی زندگی بسر کرتے تھے۔ میں نے انہیں بیسیوں جگہ مفت پڑھتے سنا ہے۔ اس مشاعرے میں بھی پڑھتے وہ نیاز صاحب کی طرح پورا خرچہ لے کر ہندوستان سے کراچی نہیں آئے تھے بلکہ یہاں پہلے سے موجود تھے۔ اور ان کا مشاعرے میں شریک ہو جانا ہی نیاز صاحب کے بُہتان کی تردید کے لیے کافی ہے۔ جگر صاحب ایک شریف النفس انسان تھے اور جہاں تک ممکن ہوتا کسی کو دُکھ نہیں پہنچاتے تھے۔ جگرؔ صاحب ایک سیر چشم آدمی تھے۔ روپیہ پیسہ ان کے لیے کوئی حیثیت نہیں رکھتا تھا۔ میں نے ان کا وہ زمانہ دیکھا ہے جب وہ شراب کے نشے میں دھت رہا کرتے تھے اور کوڑی کوڑی کو محتاج۔ مگر میں نے آج تک کسی سے نہیں سُنا کہ جگر نے کسی کے آگے ہاتھ پھیلایا ہو۔ مدہوشی میں بھی انہوں نے اپنی غیرت وخودداری کو ہاتھ سے جانے نہیں دیا۔

نخشب جارچوی نے جگرؔ صاحب کا ایک واقعہ سنایا تھا کہ کسی فلم کے لیے جگرؔ

صاحب کی ایک غزل ریکارڈ کرنی تھی۔ جگرؔ صاحب کو اس کا معاوضہ ٹھیک یاد نہیں رہا، پانچ ہزار یا آٹھ ہزار پیشگی دے دیا گیا۔ جگرؔ صاحب اس سے پہلے ریڈیو کے مختلف اسٹیشنوں سے اپنا کلام نشر بھی کر چکے تھے اور ریکارڈ بھی کرا چکے تھے۔ لہٰذا نہایت اطمینان سے فلم کے لیے بھی اپنی ریکارڈنگ کرانے کے لیے بیٹھ گئے۔ مگر جب اپنا ریکارڈ خود سُنا تو سٹ پٹا گئے۔ اور اسے ناپسند کر کے دوبارہ ریکارڈ کیا۔ مگر اس دفعہ بھی انہیں اپنا ریکارڈ نہایت بے سُرا معلوم ہوا۔ تیسری دفعہ اور چوتھی دفعہ بھی ناکام رہے۔ غرض چھ دفعہ یہی ماجرا پیش آیا۔ سخت بد دل ہوئے۔ کمپنی والوں نے کہا "گھبرانے کی کوئی بات نہیں ہے۔ آپ اب کل پھر تشریف لائیے۔" گھر پہنچ کر نخشبؔ سے بولے۔ "خدا جانے کیا بات ہے کہ ریکارڈ اچھا نہیں بن رہا۔ تم ایسا کرو کہ یہ روپیہ واپس کر دو اور مجھے آج سوار کرادو۔" نخشب صاحب نے انہیں تسلی دی اور ایک دن کے لیے اور انہیں روکنے میں کامیاب ہوگئے۔ اگلے دن بھی کئی ریکارڈ لیے مگر سب ناقص رہے۔ جگرؔ صاحب کی پریشانی اور شرمندگی بڑھتی جارہی تھی۔ اور ریکارڈنگ بد سے بدتر ہوئی جارہی تھی۔ نخشب صاحب کو ایک ترکیب سوجھی۔ مائکروفون ان کے سامنے سے ہٹا دیا اور بولے "کچھ دیر توقف کیجیے، چائے وائے پیجئے، پھر دیکھا جائے گا۔" جگرؔ صاحب نے جھنجھلا کر کہا: "میاں تم اِن کا روپیہ واپس کرو اور مجھے گھر جانے دو۔" انہوں نے کہا "بہت اچھا، روپیہ واپس کر دیا جائے گا۔ مگر آپ اطمینان سے بیٹھ کر چائے تو پی لیجیے۔" جگرؔ صاحب خوش ہوگئے، جیسے منو بوجھ ان کے سر سے اتر گیا ہو۔ اِدھر ادھر کی باتیں ہنس ہنس کر کرنے لگے۔ چائے پی چکے تو نخشب نے کہا "دراصل آپ کو مائکروفون کا احساس ہو جاتا ہے۔ اب اگر آپ پڑھیں گے تو بالکل ٹھیک پڑھیں گے۔ ذرا پڑھئے تو۔" جگرؔ صاحب پڑھنے لگے۔ جب پڑھ چکے تو اسی کا ریکارڈ انہیں سنایا گیا۔ حیران ہو کر بولے:

"یہ کون سا ریکارڈ، ہے؟ یہ تو ٹھیک ہے۔"

نخشب نے بتایا کہ "ابھی جو آپ پڑھ رہے تھے۔ اس کا ریکارڈ ہے۔"

"مگر کب اور کیسے ریکارڈ کر لیا؟"

"جی یہ ہمارے TRICKS OF THE TRADE ہیں۔ اب گھر چلیے۔ روپیہ واپس کرنے کی ضرورت نہیں رہی۔"

جس شخص کا یہ کردار ہو وہ پیسے کا میت کیسے ہو سکتا ہے؟ جب وہ پانچ ہزار سے دست کش ہو سکتا ہے تو کیا پانچ سو کے مشاعرے کو نہیں چھوڑ سکتا؟ وہ مشاعرے میں روپے کے لیے نہیں بلکہ اس لیے شریک ہوئے کہ ان کی عدم شرکت سے مشاعرے کے کارکنوں کے ساتھ سامعین کی بھی دل آزاری ہوتی اور خود جناب نیازؔ کو خفّت اٹھانی پڑتی۔ جگرؔ صاحب کو جو بے پناہ مقبولیت حاصل تھی وہ کسی نے ہاتھ اٹھا کر خیرات میں انہیں نہیں دی تھی۔ ادب دوستوں نے انہیں رئیس المتغزلین قرار دیا تھا۔ اگر انہیں شہنشاہِ تغزل کہا گیا (یہ نیاز صاحب ہی کا بیان ہے) تو شہنشاہیت کا تاج بھی خاصانِ ادب ہی نے ان کے سر پر رکھا ہو گا۔ خدا کا شکر ہے کہ جگرؔ صاحب محسود تھے، حاسد نہیں تھے۔ شریف آدمی حاسد نہیں ہوتے۔

جگرؔ صاحب "شعلۂ طور" کی اشاعت سے پہلے بھی شاعر تھے۔ اور ان کا ایک مجموعۂ کلام شائع ہو کر گمنام ہو چکا تھا۔ اس زمانے کے کلام میں بھی ایک تیکھا پن تھا۔ مگر سُنا ہے کہ کسی معرکہ عشق میں ناکام ہونے کے بعد ان کے ساتھ ان کے کلام کی بھی دُنیا بدل گئی۔ جگرؔ کی غزل میں جو نیا مزاج پایا جاتا ہے وہ اسی محرومی کا نتیجہ ہے۔ عشق کی آگ بھڑک کر شعلۂ طور بن گئی۔ "شعلۂ طور" کا پہلا ایڈیشن چھپتے ہی ختم ہو گیا۔ سید سلیمان ندوی مرحوم نے شاعر اور کلامِ شاعر کا تعارف کرایا تھا۔ میرے پاس جب یہ نسخہ ریویو

کے لیے آیا تو میں نے اور انصار ناصری نے جگرؔ ہی کی دھنوں میں لہک لہک کر پوری ایک رات اسے ختم کرنے میں صرف کر دی تھی۔ اس ایڈیشن میں ادیاماؔ کا بنایا ہوا جگرؔ کا ایک پنسل اسکیچ بھی تھا جو اس قدر اعلیٰ درجہ کا تھا کہ ہم اسے کسی غیر ملکی آرٹسٹ کا کارنامہ سمجھتے رہے۔ بعد میں جامعہ ملیہ میں ادیاماؔ سے ملاقات ہوئی تو معلوم ہوا کہ ہمارے ہی ملک کا ایک دھان پان سا نوجوان ہے جس کے دل میں آگ بھری ہوئی ہے، دو چار دفعہ کی ملاقات کے بعد جب اس سے پوچھا کہ یہ آپ نے اپنا نام کیا رکھا ہے تو اس نے بتایا کہ ادمایا جاپانی زبان میں جوالا مکھی کو کہتے ہیں، پراسرار سا آدمی تھا۔ دلّی سے غائب ہو گیا۔ پھر سُنا کہ مر گیا۔

جگرؔ صاحب ایک زمانے میں مچھلی کی طرح شراب پیتے تھے۔ ان کے قدردانوں نے یہ وطیرہ اختیار کر لیا تھا کہ جب ان کا کلام سننا ہوتا تو ان کے لیے ایک بوتل منگا لیتے۔ سوکھے دھانوں میں پانی پڑ جاتا۔ گھنٹوں اپنا کلام سناتے رہتے۔ پھر ان کا لپکا اتنا زیادہ ہو گیا کہ ہر وقت پینے لگے۔ جگرؔ صاحب کی زندگی کا یہ دَور ثقہ حضرات کے نزدیک خاصہ قابل اعتراض تھا۔ مگر مدہوشی کا یہی دوران کی شاعری کے عروج کا دَور تھا۔ ان کے قدردان اور مشاعرے والے جام مئے کی مانند انہیں ہاتھوں ہاتھ لیتے تھے۔ روپیہ ان پر برستا تھا۔ مگر وہ کل کے لیے آج شراب میں خِسّت نہیں کرتے تھے۔ روپیہ ادھر آیا اور ادھر شراب بن کر اڑا۔

خبر نہیں گھر کی زندگی اس شراب نوشی کی وجہ سے اجڑی یا گھر کی اجڑی ہوئی زندگی نے کثرتِ مے نوشی کے پَر لگائے۔ دنوں مہینوں گھر کا رخ نہ کرتے۔ آج اِس کے ہاں ٹھہرے ہیں کل اس کے ہاں۔ اصغرؔ گونڈوی ان کے بڑے ہم زلف تھے۔ جب انہوں نے میاں بیوی میں نااتفاقی کی یہ صورت دیکھی تو جگرؔ سے کہا کہ اپنے ساتھ بیوی کی زندگی

کیوں خراب کر رہے ہو؟ طلاق دے دو۔ اصغرؔ کا جگرؔ صاحب بہت ادب کرتے تھے۔ تعمیلِ ارشاد میں طلاق دے دی۔ شراب اور بھی بڑھ گئی، اتنی کہ مشاعروں کے اسٹیج پر بھی بوتل اور گلاس ساتھ رہنے لگے۔ غزل پڑھتے پڑھتے بھول جاتے اور سامعین خاصے بے لُطف ہوتے۔ مگر ان کے کلام اور ان کے کمال کی وجہ سے ان کی اس لغویت کو نظر انداز کر دیتے۔ کچھ رسم ایسی پڑ گئی تھی کہ بغیر جگر کے کوئی مشاعرہ کامیاب نہیں ہوتا تھا۔ میں نے بہت سے ذہین شاعروں کو شراب سے تباہ و برباد ہوتے دیکھا ہے۔ اخترؔ شیرانی، میراجیؔ اور مجازؔ کا تو آخر میں یہ حال ہو گیا تھا کہ اسٹیج پر نہ صرف قے کر دیتے تھے بلکہ پیشاب بھی کر دیتے تھے اور لوگ انھیں اٹھا کر ان کے ٹھکانوں پر پہنچایا کرتے تھے۔ جگرؔ صاحب اتنے نہیں گرے تھے۔ انہیں پھر بھی ہوش رہتا تھا اور ان کی طرح اَول فول بکنے نہیں لگتے تھے۔ ان لوگوں میں اور بہت سی اخلاقی خرابیاں پیدا ہو گئی تھیں۔ جن کی وجہ سے لوگ ان سے بھاگنے لگے تھے۔

جگرؔ صاحب نے کسی کی بہو بیٹی کو نہیں تاکا۔ کسی سے بھیک نہیں مانگی۔ تانگے والوں اور چکلے والوں سے انہیں لڑتے ہوئے نہیں دیکھا اور پٹتے ہوئے کبھی نہیں پائے گئے۔ ان کی شراب خوری کے نقصانات ان ہی کی ذات تک محدود تھے، دوسروں کو ان کا خمیازہ بھگتنا نہیں پڑتا تھا۔ اَوروں کی شاعری دَم توڑتی چلی گئی۔ جگر کی شاعری توانا سے توانا تر ہوتی چلی گئی۔ اپنے اپنے ظرف کی بات ہے۔ جگرؔ کی شرافتِ نفس میں فرق نہیں آیا اور اسی وجہ سے ان کی نفاستِ شاعری بھی قائم رہی۔

اصغرؔ صاحب کی بیوی کا جب انتقال ہو گیا تو انھوں نے اپنی سالی یعنی جگرؔ کی مطلّقہ سے شادی کر لی۔ یوں دو اجڑے گھر بس گئے۔ جگرؔ صاحب نے اس نئے رشتے پر برہمی کا مطلق اظہار نہیں کیا۔ بلکہ اصغرؔ صاحب سے ان کی محبت اور عقیدت اور بڑھ ہی گئی۔ یار

لوگوں نے اس واقعہ کے افسانے تراش لیے مگر حقیقت یہ ہے کہ جگرؔ صاحب نے اصغرؔ صاحب کے ساتھ ان کی بیوی کی عزت و تکریم بھی شروع کر دی۔ وہی ناپسندیدہ بیوی اب ان کے لیے لائقِ احترام خاتون بن گئی تھیں۔ اسی سے اندازہ لگائیے کہ جگر صاحب حفظِ مراتب کا کس قدر خیال رکھتے تھے

گر حفظِ مراتب نہ کنی زندیقی

کچھ عرصہ بعد اصغرؔ گونڈوی کا انتقال ہو گیا۔ جگرؔ صاحب کو بڑا رنج پہنچا۔ ان کی زندگی میں یہ ایک زبردست انقلابی نقطہ تھا۔ سُنا کہ جگرؔ صاحب بہت بیمار ہیں، اتنے کہ مشاعروں میں شرکت کرنے کے قابل نہیں ہیں۔ ان کی بیماری تھی ترکِ شراب۔ سُنا تھا کہ یہ منہ لگ جائے تو پھر نہیں چھوٹتی۔ مگر جگرؔ نے یک لخت شراب چھوڑ دی۔ ان کے دل کی حالت بگڑ گئی۔ طبیبوں نے بہت کہا کہ رفتہ رفتہ کم کر کے چھوڑو ورنہ مر جاؤ گے۔ مگر جگرؔ صاحب بڑے مضبوط کردار کے آدمی تھے۔ انہوں نے کہا "جب چھوڑنی ہی ٹھہری تو بس چھوڑ دی۔ اب جان جائے یا رہے۔"

اِس کا ردِّ عمل اتنا شدید ہوا کہ جان کے لالے پڑ گئے۔ جگرؔ صاحب نے اپنے آپ کو اتنی سخت آزمائش میں آخر کیوں مبتلا کیا؟ معلوم ہوا کہ یہ بھی محبت کی کار فرمائی ہے۔ اصغرؔ صاحب کے انتقال کے بعد جگرؔ صاحب کو ان کی بیوہ اور اپنی سابقہ بیوی سے محبت ہو گئی۔ عدت پوری ہونے کے بعد حرفِ مطلب زبان پر لائے۔ انہوں نے فرمایا "شراب چھوڑ دو۔" اس اللہ کے بندے نے شراب چھوڑ دی۔ بڑی بُری بُری حالتیں ہوئیں مگر نیت نیک تھی۔ ساحل مراد پر زندہ ہی پہنچ گئے۔ انہوں نے اپنا وعدہ پورا کیا۔

شادی کے بعد جگر صاحب نے ایک نئی زندگی کا آغاز کیا۔ رندی سر مستی رخصت ہو چکی تھی۔ اب وہ ایک زاہد خشک بن گئے تھے۔ مگر اس زُہد و اتّقا میں ان کا دل زندہ

مرنے نہیں پایا تھا۔ طبیعت کی مستقل خرابی کے باوجود وہ خوب ہنستے بولتے تھے۔ گھنٹوں برج کھیلا کرتے تھے۔ مشاعروں اور ادبی محفلوں اور دوستوں کے ہاں آیا جایا کرتے تھے۔ اخلاق اور بھی نکھر گیا تھا۔ کھانا وہ پہلے بھی کم کھاتے تھے، اب تو لوں ماشوں پر آگیا تھا۔ ہندوستان اور پاکستان میں یکساں عزت کی نگاہ سے دیکھے جاتے تھے۔ بیوی سلیقہ مند خاتون تھیں۔ چند سال کے پھیر میں ہی مشاعروں کے روپے سے سُنا ہے کہ انہوں نے جگرؔ صاحب کو صاحبِ جائداد بنا دیا۔ قیام پاکستان کے بعد جگرؔ صاحب نے یوپی کے مسلمانوں کے لیے بہت مفید کام کیے۔ حکام ان کی عزت کرتے تھے اور ان کی بات نہیں ٹالتے تھے۔ پاکستان میں ان کا وقار قائم تھا۔ لوگ کہتے ہیں کہ ان کی شاعری بھی بہتر ہوگئی تھی مگر اس میں جو ایک قسم کی بے ساختگی اور ایک طرح کی والہانہ کیفیت تھی، ایک اچھوتا بانکپن تھا وہ یقیناً نہیں رہا تھا۔ اس کے بدلے سنجیدگی اور روحانی بالیدگی دَر آئی تھی۔ پہلے دل سے شعر کہتے تھے۔ اب دماغ سے کہنے لگے تھے۔

ببیں کرامتِ بُت خانۂ مرا اے شیخ
کہ چوں خراب شود خانۂ خدا گردد

دل کی بیماری نے ان کا ساتھ نہیں چھوڑا۔ آہستہ آہستہ جگرؔ صاحب کی صحت جواب دیتی چلی گئی۔ دو سال ہوئے کراچی میں ان سے ملاقات ہوئی تھی۔ ویسے ہی ہشاش بشاش تھے۔ اور اسی گرم جوشی سے ملے تھے۔ اسی طرح پوری آواز سے اپنا کلام سناتے تھے۔ لوگ فرمائش کر کر کے ان سے ان کا پہلا کلام سنتے تھے۔ خوش ہو کر سناتے تھے۔ ایک مشاعرے میں دور پیچھے سے آواز آئی "جگرؔ صاحب، وہ سنائے جس میں ہرن ٹیل رئے ہیں۔" یعنی ٹہل رہے ہیں۔ جگرؔ صاحب نے مسکرا کر اپنا مشہور فارسی کا سراپا سنا دیا جس میں "آہو خرامے" آتا ہے۔ وطن واپس پہنچے تو دل کے شدید دورے پڑنے لگے۔

صاحب فراش ہو گئے۔ مہینوں زندگی اور موت میں ان پر چھینا جھپٹی ہوتی رہی۔ اسی بیماریٔ دل نے آخر کام تمام کیا۔

خدا رحمتِ کند ایں عاشقانِ پاک طینت را۔

***

۳

میراجی

دلی اور لاہور ہمارے لیے گھر آنگن تھا۔ جب جی چاہا منہ اٹھایا اور چل پڑے۔ کھانے دانے سے فارغ ہو رات کو فرنٹیر میل میں سوار ہوئے اور سو گئے۔ آنکھ کھلی تو معلوم ہوا کہ گاڑی لاہور پر کھڑی ہے۔ سال میں کئی کئی پھیرے لاہور کے ہو جاتے تھے۔ لاہور ادیبوں کی منڈی تھا۔ سر سید نے انہیں "زندہ دلانِ پنجاب" کہا اور واقعی یہ معلوم ہوتا تھا کہ اس خطے میں زندگی ابلتی ہے اور گنگناتی گاتی پھرتی ہے۔ کتنا خلوص تھا یہاں کے لوگوں میں اور کتنی محبت! ٹوٹ کر ملتے، ہاتھوں ہاتھ لیتے اور سر آنکھوں پر بٹھاتے۔ ہندو، مسلمان، سکھ، عیسائی سب ایک ہی تھیلی کے چٹے بٹے تھے۔ ان میں تیر میر نہیں آئی تھی۔ ادیب اور شاعر نرے ادیب و شاعر ہی تھے۔ وہ جو کسی نے کہا ہے کہ آرٹسٹ کا کوئی مذہب نہیں ہوتا، اس کی تصدیق لاہور ہی میں ہوتی تھی۔ اور سچ بھی ہے، آرٹسٹ کا مذہب تو آرٹ ہی ہوتا ہے۔ اب کی مجھے خبر نہیں، یہ کوئی سترہ اٹھارہ سال ادھر کی باتیں ہیں۔ اب تو زمین آسمان ہی بدل گئے تو بھلا ادب و شعر کی قدریں کیوں نہ بدلی ہوں گی؟ خیر کچھ ہو گا۔ یہ وقت اس بحث میں پڑنے کا نہیں۔

ہاں تو اچھے وقت تھے، اچھے لوگ تھے۔ ان سے ملکر جی خوش ہوتا تھا، ایک بار ملتے، دوبارہ ملنے کی ہوس! اور سچ تو یہ ہے کہ ان میں سے بعض کے ساتھ برسوں یکجائی رہی اور

جی نہیں بھرا۔ بلکہ ان سے بے ملے چین نہیں پڑتا تھا۔ بے غرض ملتے، جی کھول کر ملتے، اجلی طبیعتیں تھیں۔ بعض دفعہ بڑی ناگوار باتیں بھی ہو جاتیں۔ مگر کیا مجال جو آنکھ پر ذرا بھی میل آجائے۔ تم نے ہمیں کہہ لیا ہم نے تمہیں کہہ لیا۔ ایلو دل صاف ہو گئے۔ اچھے لوگوں میں یہی ہوتا ہے۔ زمانہ سدا ایک سا نہیں رہتا۔ جب تک بندھن بندھا ہوا ہے بندھا ہوا ہے۔ جب ٹوٹا ساری تیلیاں بکھر گئیں۔ جو دم گزر جائے غنیمت ہے۔ اب وہ دن جب بھی یاد آتے ہیں تو دل پر سانپ سا لوٹ جاتا ہے۔ یہی کیا کم عذاب تھا کہ ایک دوسرے سے بچھڑ گئے۔ اب ان کی سناؤنی سننے کو کہاں سے پتھر کا دل لاؤں۔ بڈھے مرے، انہیں تو مرنا ہی تھا۔ میر ناصر علی مرے، ناصر نذیر فراقؔ مرے۔ میر باقر علی داستان گو مرے، علامہ راشد الخیری مرے، مولانا عنایت اللہ مرے، کس کس کو گناؤں؟ ایک ہو تو بتاؤں۔ انہوں نے اچھی گذاری اور عمر طبعی کو پہنچ کر مرے۔ مگر جوانوں کا مرنا قیامت ہے۔

البیلا رفیعیؔ، ہنس مکھ چغتائیؔ، عجوبہ افسانہ نگار رفیق حسین، اب آخیر آخیر میں رومانیؔ اختر، اور اب پُراسرار میراجیؔ! ہائے کیسا کڑیل جوان تھا، یہ کیسے لوٹ گیا؟ ہو نہ ہو اسے تو زمانے کی نذر کھا گئی۔

گر پیر نود سالہ بمیرد عجبے نیست!

این ماتم سخت است کہ گویند جواں مُرد

بمبئی سے خبر آئی کہ میراجیؔ کسی ہسپتال میں مر گیا۔ اناللہ وانا الیہ راجعون۔ بے کسی کی موت! ماں، باپ، بھائی بہن، دوست احباب، سب کے ہوتے ساتے پردیس میں بے کسی کی موت!

آسماں را حق بد گر خوں ببارد بر زمین

لیکن نہیں۔ میں تو جذبات کی رو میں بہہ گیا۔ یہ تو ہونا ہی تھا۔ اگر یہ نہ ہوتا تو تعجب ہوتا۔ جو یوں نہ ہوتا تو میراجیؔ کی عظمت میں فرق آجاتا۔ اس کی عظیم شخصیت کا ایسا ہی عبرت ناک انجام ہونا چاہیے تھا۔ عبرت ناک اس کے لیے نہیں ہمارے لیے۔ زمانے کی یہی ریت ہے۔ رونا اس کا ہے کہ وہ عظیم شاعر، وہ عظیم نثار، وہ عظیم حسن کار اب ہم میں نہیں ہے۔ اب وہ وہاں ہے جہاں ہماری آرزوئیں رہتی ہیں۔

حق مغفرت کرے عجب آزاد مرد تھا

موت نے اسے کس قدر پیارا بنا دیا۔

پیدا کہاں ہیں ایسے پراگندہ طبع لوگ

افسوس تم کو میرؔ سے صحبت نہیں رہی

سن تو ٹھیک یاد نہیں، ہاں پندرہ سولہ سال ادھر کی بات ہے میں حسبِ معمول لاہور گیا۔ یہ وہ زمانہ تھا کہ "نیرنگِ خیال" گر رہا تھا اور "ادبی دنیا" ابھر رہا تھا۔ کرشنؔ چندر، اور راجندرؔ سنگھ بیدی خوب خوب لکھ رہے تھے۔ صلاحؔ الدین احمد اور میراجیؔ کی ادارت میں "ادبی دنیا" اِس نفاست سے نکل رہا تھا کہ دیکھنے دکھانے کی چیز ہوتا تھا۔ میراجیؔ کی شاعری سے مجھے کچھ دلچسپی تو نہیں تھی مگر ایک عجوبہ چیز سمجھ کر میں اِسے پڑھ ضرور لیتا تھا۔ اسے سمجھنے کی اہلیت نہ تو اس وقت تھی اور نہ اب ہے۔ اس کے مختصر سے مختصر اور طویل سے طویل مصرعے خواہ مخواہ جاذبِ نظر ہوتے تھے۔ چھوٹے سے چھوٹا مصرعہ ایک لفظ کا اور بڑے سے بڑا مصرعہ اتنا کہ "ادبی دنیا" کے جہازی سائز کی ایک پوری سطر سے نکل کر دوسری سطر کا بھی آدھا پونا حصہ دبا لیتا تھا۔ خیر تو مطلب وطلب تو خاک سمجھ میں آتا نہ تھا۔ البتہ میراجیؔ کی نظم میں وہی کشش ہوتی تھی جو ایک معمے میں ہوتی ہے مگر ان کی نثر میں بلا کی دل کشی ہوتی تھی۔ مشرق کے شاعروں اور مغرب کے

شاعروں پر انہوں نے سلسلے وار کئی مضامین لکھے تھے اور سب کے سب ایک سے بڑھ چڑھ کر۔ اس کے علاوہ ادبی جائزے میں جس دقّت نظر سے میراجی کام لیتے بہت کم سخن فہم اس حد کو پہنچتے۔ ہاں تو میں لاہور گیا تو مال روڈ پر "ادبی دنیا" کے دفتر بھی گیا۔ کمرے میں داخل ہوا تو صلاح الدین احمد نظر نہیں آئے۔ سامنے ایک عجیب وضع کا انسان بیٹھا تھا۔ زلفیں چھوٹی ہوئی، کھلی پیشانی، بڑی بڑی آنکھیں، استواں ناک، موزوں دہانہ، کترواں مونچھیں، منڈی ہوئی ڈاڑھی، تھوڑی سے عزم ٹپکتا تھا۔ نظریں بنفشی شعاعوں کی طرح آرپار ہو جانے والی۔ خاصی اچھی صورت شکل تھی۔ مگر نہ جانے کیا بات تھی کہ موانست کی بجائے رمیدگی کا احساس ہوا۔ گرمیوں میں گرم کوٹ! خیال آیا کہ شاید گرم چائے کی طرح گرم کوٹ بھی گرمیوں میں ٹھنڈک پہنچاتا ہو گا، دل نے کہا ہو نہ ہو میراجی ہو۔ یہ تو اس شخص کی شاعری سے ظاہر تھا کہ غیر معمولی انسان ہو گا۔ پوچھا "صلاحؔ الدین احمد صاحب کہاں ہیں؟" بولے "کہیں گئے ہوئے ہیں۔" پوچھا "آپ میراجی ہیں؟" بولے "جی ہاں۔" میں نے اپنا نام بتایا۔ تپاک سے ملے۔ کچھ دیر ان سے رسمی سی باتیں ہوئیں۔ ان کے بولنے کا انداز ایسا تھا جیسے خفا ہو رہے ہوں، نپے تلے فقرے ایک خاص لہجے میں بولتے اور چپکے ہو جاتے۔ زیادہ بات کرنے کے وہ قائل نہ تھے اور نہ انہیں تکلف کی گفتگو آتی تھی۔ پہلا اثر یہ ہوا کہ یہ شخص اکھل کھرا ہے، دماغ چوئٹا ہے۔ مختصر سی بات چیت کے بعد اجازت چاہی۔ باہر نکلے تو میرے ساتھی نے کہا "ارے میاں یہ تو ڈاکو معلوم ہوتا ہے۔ اس نے ضرور کوئی خون کیا ہے، دیکھا نہیں تم نے؟ اس کی آنکھیں کیسی تھیں؟" میں نے کہا "یہ تو اللہ ہی کو معلوم ہے کہ وہ کیا ہے۔ مگر آدمی اپنی وضع کا ایک ہے۔"

تھوڑے ہی عرصہ بعد ان سے دوبارہ ملاقات ہوئی۔ اب کے دلی میں۔ ریڈیو پر وہ

تقریر کرنے آئے تھے۔ مجھ سے ملنے میرے گھر آئے۔ جب گئے تو بہت کچھ پہلا اثر زائل کر گئے۔ آدمی تو برا نہیں ہے۔ دماغ چوٹا بھی نہیں ہے ورنہ ملنے کیوں آتا؟ پھر ایک دفعہ آئے اور بولے کہ "ریڈیو میں ملازمت کے لیے بلایا ہے۔" مجھے کچھ تعجب سا ہوا کہ یہ شخص ریڈیو میں کیا کرے گا؟ بہر حال معلوم ہوا کہ گیت لکھیں گے اور نثر کی چیزیں بھی۔ تنخواہ ڈیڑھ سو ملے گی۔ میں نے کہا" تنخواہ کم ہے۔ ادبی دُنیا میں آپ کو کیا ملتا تھا؟" بولے "تیس روپے"۔ میں نے حیرت سے کہا "بس!" کہنے لگے "مولانا سے دوستانہ تعلقات تھے۔" میں نے کہا "تو ٹھیک ہے۔ حساب دوستاں در دل۔" معلوم ہوا کہ بیوی بچے تو ہیں نہیں کیونکہ شادی ہی نہیں کی۔ اپنے خرچ بھر کو ڈیڑھ سو روپے بہت تھے۔ چنانچہ میراجیؔ ریڈیو میں نوکر ہو گئے اور ان سے اکثر ملاقات ہونے لگی اور ان کی نظمیں اور مضامین ساقی میں چھپنے لگے۔ ریڈیو میں اس وقت اچھے اچھے ادیب اور شاعر جمع ہو گئے تھے۔ ن۔ م۔ راشدؔ، کرشن چندرؔ، منٹو، چراغ حسن حسرتؔ، اوپندر ناتھ اشکؔ، انصار ناصریؔ، میراجیؔ، اختر الایمان وغیرہ سب خوب لکھ رہے تھے۔ اور دلّی ریڈیو کا طوطی بول رہا تھا۔ راشدؔ صاحب کے مشورے سے میراجیؔ نے دو ایک سوٹ بھی سلوائے تھے مگر انھیں کپڑے پہننے کا کبھی سلیقہ نہ آیا۔ عجیب اُولو اُولو معلوم ہوتے تھے۔ مارے باندھے سے کہیں کپڑے پہنے جاتے ہیں؟ کچھ مدت بعد میراجیؔ پھر اپنی پرانی دھج پر آ گئے۔ نہایت موٹے اور بھدے پٹو کا اچکن نما کوٹ اور اسی کا پتلون، جاڑا، گرمی، سب میں یہی گرم لباس چلتا تھا۔

ریڈیو کے مسودات لکھنے میں میراجیؔ کو کافی مہارت ہو گئی تھی اور حسبِ ضرورت بے تکلف لکھ لیتے تھے۔ گیت ریڈیو ہی میں آ کر لکھے اور اتنے کہ ان کا مجموعہ "گیت ہی گیت" کے نام سے شائع ہوا۔ نثر میں بھی صاحبِ طرز تھے۔ انداز فکر فلسفیانہ اور طرز

بیان انشاد پردازانہ تھا۔ نظمیں جب کہنے پر آتے تھے تو کئی کئی کہہ لیتے تھے۔ مگر خدا جانے کب کہتے تھے اور کس کیفیت میں کہتے تھے۔ چند نظمیں خود ان سے سمجھیں تو سمجھ میں آئیں اور بعض خود ان کی سمجھ میں بھی نہیں آئیں۔ غزلیں بھی کہیں ہیں اور بہت ستھری۔

فی البدیہ بھی کہتے تھے۔ اشعار کے معاملے میں میرا حافظہ کمزور ہے، صرف ایک مصرعہ ان کا چپک کر رہ گیا، وہ بھی اپنے عجب کی وجہ سے۔ اور کچھ نہیں تو اس سے ان کی حاضر دماغی اور قادرالکلامی ضرور ظاہر ہوتی ہے۔ ہم چند دوست چائے پینے کسی ہوٹل میں داخل ہوئے۔ ایک صاحب نے چائے پینے سے انکار کر دیا یہ کہہ کر کہ اتنی تو گرمی پڑ رہی ہے۔ دوسرے صاحب بولے "گرمیوں میں گرم چائے ٹھنڈک پہنچاتی ہے۔ پھر چائے والوں کے مقولوں پر بات چل نکلی۔ کسی نے کہا" اگر اشعار میں مقولے باندھے جائیں تو بہتر" دوسرے بولے اشعار میں بھی ہیں مثلاً:

ایک پیسہ ماں سے لو
اتنی چائے باپ کو دو

یا۔۔۔

یہ شخص اور اس کا بھائی
پیتے ہیں روزانہ چائے

بھائی کے قافئے چائے پر سب سر دھننے لگے۔ پھر کسی نے کہا "گرمیوں میں گرم چائے ٹھنڈک پہنچاتی ہے" بھی دراصل چائے والوں کا مصرعہ ہی ہو گا۔ کسی نے کہا یہ تو مصرعہ کسی طرح بن ہی نہیں سکتا۔ میراجیؔ اب تک چُپکے بیٹھے تھے۔ بولے، مصرعہ تو بن سکتا ہے۔

گرمیوں میں گرم چائے ٹھنڈک پہنچاتی ہے۔ڈک

اس پر خوب قہقہہ پڑا۔ واقعی نہ تو کوئی لفظ بڑھا اور نہ گھٹا۔ ہلدی لگی نہ پھٹکری رنگ چوکھا آگیا۔

میراجیؔ مشاعروں اور مجلسوں میں نہیں جاتے تھے۔یوں بھی وہ بہت کم آمیز تھے۔ اور بڑے آدمیوں سے ملنا تو عار سمجھتے تھے۔ بڑے آدمیوں کے بڑے پن کے وہ کبھی قائل نہیں ہوئے اور کسی سے مرعوب ہونا تو وہ جانتے ہی نہیں تھے۔ افسروں کے بارے میں وہ کہتے تھے کہ یہ دفتر میں تو افسر ہوتے ہی ہیں۔ دفتر کے باہر بھی افسر ہی بنے رہنا چاہتے ہیں۔ دفتر کے ہوٹل تک میں ان کی کرسیاں مخصوص ہیں۔ بخاری کی کرسی پر بیٹھنا سو ادب ہے، ادبی مجلسوں میں صدر مقام ان کے لیے خالی رکھے جاتے ہیں۔ افسر ہر جگہ افسر بنا رہتا ہے۔ آدمی کبھی نہیں بنتا۔

میراجیؔ کا مطالبہ بہت وسیع تھا۔ سنا ہے کہ لاہور کی دیال سنگھ لائبریری وہ چاٹ چکے تھے۔ دلی آکر ان کے مطالعہ کا شوق غرقِ مئے ناب ہو گیا تھا۔ نثر کی کتابوں میں الف لیلہ کے عاشق تھے۔ اردو صحیح بولتے تھے اور صحیح لکھتے تھے۔ غلطی کی پچ کبھی نہ کرتے تھے۔ عروض سے خوب واقف تھے اور جملہ اصناف شعر پر حاوی۔ ایک دفعہ ایک اسٹیشن ڈائریکٹر نے ان کے کسی مصرعہ پر اعتراض کیا کہ ناموزوں ہے۔ اسے تو تقطیع کر کے بتا دیا کہ موزوں نہیں ہے، باہر نکل کر کئی دن تک اسے گالیاں دیتے رہے کہ یہ اپنے آپ کو افسر تو سمجھتا ہی ہے شاعر بھی سمجھنے لگا۔ میراجیؔ میں چاپلوسی کی عادت بالکل نہیں تھی۔ اور افسروں کا آگا تاگا لینا بھی وہ سخت معیوب سمجھتے تھے۔ افسروں میں راشدؔ کے بہت گرویدہ اور مداح تھے یا پھر محمود نظامی کے۔ راشدؔ نے میراجیؔ کو بہت نبھایا۔ اس وقت بھی جب کہ مجھ سمیت سب نے ان کا ساتھ چھوڑ دیا تھا۔

شراب کی لت خدا جانے میراجی کو کہاں سے لگی؟ جب لاہور میں انہیں تیس روپے ملتے تھے تب بھی وہ پیتے تھے اور جب دلی آئے اور پانچ گنی تنخواہ ملی تو اور زیادہ پینے لگے۔ پہلے رات کو پیتے تھے، پھر دن کو بھی پینے لگے، پھر ہر وقت پینے لگے۔ سوڈا یا پانی ملانے کی ضرورت بھی نہیں رہی تھی۔ یونہی بوتل سے منہ لگا کر غٹا غٹ چڑھا جاتے تھے۔ جب ریڈیو اسٹیشن پر آتے تو ایک ہاتھ میں کاپیاں اور کتابیں ہوتیں اور دوسرے میں اٹاچی کیس۔ اس میں بوتل رکھی رہتی تھی۔ ذرا دیر ہوئی اور کہیں جا کر پی آئے۔ اس شراب نے میراجی کو تباہ کر دیا اور ان میں وہ تمام خرابیاں آتی گئیں جو بالآخر ان کی اخلاقی موت کا باعث بن گئیں۔ ادھر تنخواہ ملی اور ادھر قرض خواہوں اور شراب میں ختم۔ پھر ایک ایک سے ادھار مانگا جا رہا ہے۔ میراجی کے قدردانوں نے انہیں سنبھالنے کی بہت کوشش کی مگر وہ نہیں مانے اور گرتے ہی چلے گئے۔ پھر یہ نوبت آئی کہ قرض ملنا بند ہو گیا۔ انہوں نے اپنے مضامین اور نظموں کی کتابیں مرتب کر کر کے بیچنی شروع کیں۔ اس میں مجھ سے سابقہ پڑا۔ ایک کتاب لے لی، دو لے لیں، گھر پہ ہر مہینے یا دوسرے مہینے ایک مجموعے لے کر پہنچ جاتے۔ میں انکار کرتا اور وہ اصرار، میں انہیں سمجھاتا کہ "میراجی میں آپ کی کتابیں نہیں چھاپ سکتا، میرے پاس بیسیوں مسودے خریدے ہوئے رکھے ہیں، ان کے چھپنے کی نوبت بھی نہیں آتی، کاغذ نایاب ہے۔ مگر وہ کچھ ایسے بہانے تراشتے کہ مجھے مجبوراً ان سے مسودہ خریدنا پڑتا۔ کبھی باپ کی بیماری کی خبر سناتے، کبھی بھائی کی تعلیم کی مجبوری بیان کرتے، کبھی کہتے والد کی آنکھیں جاتی رہیں، آپریشن ہو گا۔ میں انکار کرتا تو اتنے ہراساں ہوتے کہ ان پر ترس آنے لگتا۔ کئی دفعہ انہیں یہ بھی سمجھایا کہ میراجی آپ اپنے مسودے مجھے سستے دے جاتے ہیں۔ آپ کسی اور کو دیجیے۔ تو روپے بھی زیادہ ملیں گے، مگر انہیں ضد تھی کہ نہیں میں کسی اور کو اپنی کتاب نہیں دوں گا۔ میں نے ان

سے ایک ایک کر کے آٹھ مسودے لیے جن میں سے صرف تین شائع ہو سکے۔ باقی دلی برد ہوئے۔ آخری قسط جب انہوں نے روپوں کی مجھ سے مانگی تو میں نے پوچھا اب کون سا مسودہ باقی رہ گیا۔ کہنے لگے "باتیں" جو ساقی میں لکھ رہا ہوں، یہ بھی کبھی ایک کتاب ہو جائے گی۔ بہت حیل حجت کے بعد میں نے انہیں اس شرط پر روپے دئے کہ آئندہ وہ مجھ سے کبھی کچھ نہیں مانگیں گے۔ مگر اس کے بعد پھر انہیں روپے کی ضرورت ہوئی تو میں نے صاف انکار کر دیا اور انہیں کچھ سخت سست بھی کہا۔ بہت افسردہ اور نادم ہوئے۔ کہنے لگے "الف لیلہ" کا ایک نایاب نسخہ بیس جلدوں میں بک رہا ہے۔ ایک ناقدرے کا دادا مر گیا ہے۔ کتب خانے کی کتابیں اونے پونے بیچ رہا ہے، آپ ایسا کیجیے کہ وہ جلدیں اپنے پاس گروی رکھ لیجیے اور ڈیڑھ سو روپے مجھے دے دیجیے۔ میں آپ کو روپے دے کر کتابیں آئندہ چھڑا لوں گا۔" میں نے کہا یک نہ شُد دو شُد۔ بھائی میں گروی گانٹھا نہیں کرتا، مجھے تو تم معاف ہی کرو۔ کیوں رہی سہی دوستی پر پانی پھیرتے ہو؟ میں تمہارا کتنا بڑا قدردان ہوں۔ اب مجھے اس پر تو مجبور نہ کرو کہ مجھے تم سے نفرت ہو جائے۔" یہ بات کچھ ان کی سمجھ میں آگئی اور وہ خاموش چلے گئے۔ بس اس کے بعد میراجی نے مجھ سے کچھ نہیں مانگا اور نہ کوئی اور مسودہ لے کر میرے پاس آئے۔ ویسے ان سے جب تک وہ دلّی میں رہے برابر ملنا جلنا ہوتا رہا۔ اور اکثر گھر بھی آجاتے تھے۔

کتابوں کی قیمت کے بارے میں ان کی ایک خاص مت تھی۔ مثلاً میں نے کہا یہ کتاب تو بہت چھوٹی ہے، اس کے میں دو سو روپے سے زیادہ نہیں دوں گا، تو وہ کہتے "دو سو بالکل ٹھیک رقم ہے۔ بائیس روپے دو آنے اور دو پائی اور بڑھا دیجیے تاکہ رقم ہموار ہو جائے۔ یعنی دو سو بائیس روپے دو آنے، دو پائی" اسی طرح ان کی سب کتابوں کی قیمتیں تجویز کی گئی تھیں۔ تین تین، چار چار، پانچ پانچ روپے اور "اجنتنے کے غار" جو ان کی نظموں

کا دوسرا مجموعہ تھا اس کی قیمت چھ روپے دی گئی تھی۔

میرا جی بڑے گندے آدمی تھے۔ وہ ان میں سے تھے جو کہتے ہیں کہ یا نہلائے دائی یا نہلائیں چار بھائی۔ انہیں کبھی کسی نے نہاتے نہیں دیکھا، بلکہ منہ دھوتے بھی نہیں دیکھا۔ بال کٹوانے کے بڑے چور تھے۔ وحشیوں کی طرح ہمیشہ بڑھے رہتے۔ اور ان میں کبھی تیل نہ ڈالتے اور نہ انہیں بناتے۔ جب دلّی آئے تھے تو مونچھیں بھی مونڈ ڈالی تھیں۔ ایک دفعہ جانے دل میں کیا سمائی کہ چار ابروا کا صفایا کر گلے میں سادھوؤں کی سی کنٹھی بھی ڈال لی تھی۔ ہمیشہ سنجیدہ صورت بنائے رہتے تھے، انہیں قہقہہ مار کر ہنستے میں نے کبھی نہیں دیکھا۔ باتیں اکثر ہنسنے ہنسانے کی کرتے مگر خود کبھی نہ ہنستے تھے۔ بہت خوش ہوتے تو خندۂ دنداں نما فرمایا۔ ان کے غچلے پن سے بڑی گھن آتی تھی۔ مگر یہ ان گھناؤنی چیزوں میں سے تھے جنہیں اپنے سے دور نہیں کیا جا سکتا۔ زندگی قلندرانہ اور حرکتیں مجذوبانہ۔ دو چار آدمیوں نے مل کر ایک کمرہ کہیں باڑے کی طرف لے رکھا تھا مگر رات کو اگر کہیں گھاس میں پڑے رہے تو وہیں سو گئے اور اگر پٹری پر لیٹ گئے تو وہیں صبح ہو گئی۔ ایک دو دن نہیں برسوں یہی حال رہا۔

شراب کے نشے میں میراجیؔ کو رونے کی دھن سوار ہو جاتی تھی اور وہ ایسے بے سدھ ہو جاتے کہ تن بدن کا بھی ہوش نہ رہتا۔ ایک دن ہم موری دروازے کے پل پر سے آ رہے تھے۔ جب نہر سعادت خاں کے سینما کے آگے پہنچے تو دیکھا کہ ایک مجمع سڑک پر لگ رہا ہے۔ معلوم ہوا کہ ایک آدمی ڈاڑھیں مار کر رو رہا ہے۔ اور دو ایک اسے سڑک پر سے اٹھا رہے ہیں۔ ہم نے سوچا کوئی حادثہ ہو گیا ہے۔ بچارے کے سخت چوٹ آئی ہے، اسے فوراً ہسپتال بھیجنا چاہیے۔ اتنے میں اخلاقؔ نے گھبرا کر کہا "بھائی شاہد! یہ تو میراجیؔ ہیں!" اور میراجیؔ سڑک پر پڑے رو رہے تھے اور بڑبڑا بھی رہے تھے۔ مگر زبان

قابو میں نہیں تھی کہ بات سمجھ میں آتی۔ ایک صاحب جو انہیں اٹھانے کی کوشش کر رہے تھے۔ وہ بھی جاننے والے ہی تھے۔ ہمیں دیکھ کر ان کی جان میں جان آئی۔ جھٹ ایک تانگہ منگا کر سب نے اٹھا کر میراجیؔ کو تانگے میں ڈالا مگر وہ پھسل کر پھر نیچے آ رہے۔ دوبارہ انہیں آگے کی سیٹ پر ڈالا اور اخلاقؔ کو ساتھ بھیجا کہ ان کے گھر پہنچا کر آئے۔ اگلے دن اخلاقؔ نے بتایا کہ میراجی اپنی اماں کے لیے رو رہے تھے۔

یہ اخلاقؔ احمد ریڈیو اناؤنسر تھے اور میراجیؔ کے بڑے مداح۔ میراجیؔ نے اپنی ایک کتاب بھی ان کے نام معنون کی ہے۔ دونوں میں بہت اخلاص تھا۔

ایک دن ان کے چند دوست انہیں گھیر گھار کر ایک نستعلیق طوائف کے کمرے پر لے گئے۔ وہاں کچھ گانا سنا، کچھ شراب پی اور بہکنے لگے۔ زینے سے اتر کر سڑک پر آئے تو حالت اور بھی خراب ہو گئی۔ سڑک پر لوٹنا اور چیخیں مار مار کر رونا شروع کر دیا۔ نظموں کا دوسرا ضخیم مجموعہ مسودے کی شکل میں ان کے پاس تھا اسے اس بری طرح اچھالا کہ رات کے اندھیرے میں اِس کا ایک ورق بھی کسی کے ہاتھ نہ آیا۔ دوستوں نے جو ان کی یہ حالت دیکھی تو گھبرا گئے۔ لاکھ انہیں چمکارا پچکارا مگر وہ اپنے اوسانوں میں نہ آئے۔ اتنے ہی میں پولیس کے چند آدمی گشت کرتے آ گئے۔ دوست بچارے سب دم بخود ہو گئے کہ اب آوارہ گردی میں سب کے سب بند ہوتے ہیں۔ بھلا رات کے بارہ بجے اس بدنام بازار میں اور اس حالت میں دیکھ کر کون چھوڑے گا؟ مگر اخلاق احمد کے حواس قائم رہے۔ ہمت مردانہ تو ان کی بھی جواب دے چکی تھی۔ مگر جب پولیس والوں نے ٹوکا تو اس نے جرات رندانہ سے کام لے کر کہا "بچارے کی ماں مر گئی ہے۔" یہ کہہ کر میراجیؔ کو سمجھانے لگا کہ "ماں باپ سدا کسی کے جیتے نہیں رہتے۔ صبر کرو صبر۔ چلو اٹھو۔ کوئی دیکھے گا تو کیا کہے گا۔ ارے بھئی تم تو بڑے بودے نکلے۔ بچوں کی طرح رو رہے ہو۔ لو چلو

اٹھو۔ گھر چلو اور ہاں سنتری جی کوئی تانگہ ملے تو ادھر بھیج دینا۔" خدا خدا کر کے آئی بلا ٹلی اور سب کی جان میں جان آئی۔ نظموں کے دوسرے مجموعے کے ساتھ اس مہینے کی تنخواہ کا بقایا بھی میراجی اسی بازار میں اچھال آئے۔ چلو

جان بچی لاکھوں پائے
خیر سے بدھو گھر کو آئے

صبح انہیں کچھ بھی یاد نہیں رہتا تھا کہ رات کو اپنی جان پر اور دوستوں پر کیا مصیبت توڑ چکے ہیں۔

ایک دن ریڈیو اسٹیشن پر میراجی کو دیکھا کہ جگہ جگہ سے ان کا منہ سوجا ہوا ہے اور سارے چہرے پر زخم اور نہٹے لگے ہوئے ہیں۔ میں نے گھبرا کر پوچھا "میراجی کیا کہیں گر پڑے۔" بولے "نہیں، مجھے مارا ہے۔" "آپ کو کیوں مارا؟ آپ تو لڑنا جانتے ہی نہیں۔" کہنے لگے "مجھے سوتے میں مارا ہے اس نے۔" "کس نے؟" "میرا شبہ ہے ایک آدمی پر۔" اور آج تک معلوم نہ ہو سکا کہ اس بیہوش آدمی کو کس ملعون نے مارا تھا! میراجی کو زیادہ جاننے والوں میں سے بعض یہ بھی کہتے تھے کہ اس نے خود نشے میں اپنے آپ کو مارا ہے۔ واللہ عالم بالصواب!

میراجی پر اسراریت اور حیرت کے قائل تھے۔ ان کی شخصیت بھی ان کی شاعری کی طرح پر اسرار تھی۔ وضع قطع، لباس اور باتوں سے تو وہ پر اسرار نظر ہی آتے تھے وہ حرکتیں بھی کچھ ایسی کرتے تھے کہ لوگ انہیں حیرت سے دیکھیں۔ مثلاً ایک زمانے میں مرغی کے انڈے کے برابر لوہے کا گولا ہاتھ میں ہر وقت رکھتے تھے اور کوئی پوچھتا تھا کہ یہ کیا ہے تو کچھ نہ بتاتے تھے۔ پھر ایک کے دو گولے ہو گئے تھے اور یہ خاصہ ڈیڑھ پاؤ کا بوجھ خواہ مخواہ اٹھائے پھرتے تھے۔ اس کے بعد ان گولوں پر سگریٹ کی پنی چڑھائی جاتی

تھی۔ لکھنؤ میں جب میں نے انہیں آخری بار راشد صاحب کے ہاں دیکھا تو گولے ان کے پاس نہیں تھے۔

کھانے میں میٹھا اور نمکین ملا کر کھاتے تھے اور دیکھنے والے چہ میگوئیاں کرتے تھے۔ بعض جو انہیں جانتے تھے انہیں "باؤلا" کہتے تھے۔ منٹو انہیں فراڈ کہتا تھا۔

آواز بہت عمدہ اور بھاری پائی تھی۔ ریڈیو پر اکثر ڈراموں میں بولتے تھے۔ پنجاب کے رہنے والے تھے مگر ان کی زبان یا ان کا لہجہ چغلی نہیں کھاتا تھا۔ انگریزی کی استعداد اعلیٰ درجے کی تھی مگر جہاں تک ممکن ہوتا بولنے سے گریز کرتے۔ موسیقی سے دلچسپی تھی۔ راگ جے جے دتھی سنتے تو وہ جلد طاری ہو جاتا اور سر پھوڑنے لگتے۔ سمجھتے خاک نہ تھے۔

مذہب سے میرا جی کو کوئی واسطہ نہیں تھا۔ ہندو صنمیات سے انہیں شغف تھا۔ اسی کا رچا پچا تصور ان کی شاعری میں بھی جھلکتا ہے۔ بس مسلمان اس لیے تھے کہ ایک مسلمان کے ہاں پیدا ہو گئے تھے۔ جو شخص اخلاقی ضابطوں کی پابندی کرنا بھی ضروری نہ سمجھتا ہو وہ بھلا مذہبی قید و بند کو کیسے گوارا کر لیتا؟ میرا جی کے تو دل اور دماغ دونوں ہی کافر تھے۔

میرا جی جنسی اعتبار سے ایک گنجلک تھے۔ ابتداً انہیں عورتوں سے رغبت تھی۔ اور یہ کوئی ہندو لڑکی "میرا" ہی تھی جس کی ناکام محبت میں اپنا نام انہوں نے "میرا جی" رکھا تھا۔ ورنہ اصلی نام تو ان کا ثناء اللہ تھا۔ خدا جانے استمنا بالید کا انہیں چسکا کہاں سے لگا کہ جیتے جی نہ چھوٹا اور انہیں کسی جوگا نہیں رکھا۔ وہ اِسے فخریہ بیان کرتے تھے اور کہتے تھے کہ اس کی بدولت میری سب تمنائیں پوری ہو جاتی ہیں۔ آپ ایک ایک کا منہ تکتے ہیں اور دل میں حسرت لیے رہ جاتے ہیں۔ میں کسی کو دیکھتا ہوں تو اس کا لطف بھی حاصل کر لیتا

ہوں۔ ایک دن اپنے ایک ہم مذاق سے تعارف کرایا تو یہ کہہ کر کہ "یہ بھی دستکار ہیں۔" ان سے جب کہا گیا کہ یہ تو بڑی غلط چیز ہے تو جواب ملا کہ میں سائنٹفک طریقے کا دستکار ہوں۔ اس میں کوئی نقصان نہیں پہنچتا اور دست کاری میں انہیں اتنا غلو تھا کہ قیدِ مقام سے بھی گذر چکے تھے۔ ان کے پتلون کی بائیں جیب تو بنی ہوئی تھی مگر جیب کا کپڑا غائب تھا۔

میراجی کی سیرت میں بیسیوں خرابیاں آگئی تھیں لیکن طبعاً وہ ایک شریف انسان تھے۔ دوستوں کے لیے دامے، درمے، قدمے، ہر طرح خدمت کرنے کو تیار رہتے تھے۔ دانشوروں کے ایک خاص حلقے میں ایک صاحب نے ایک مضمون پڑھا جو پوری اردو شاعری پر حاوی تھا۔ اس مضمون کی بہت تعریف ہوئی۔ اچنبھے کی بات یہ تھی کہ صاحب مضمون یوں تو پڑھے لکھے تھے لیکن انہیں ادب و شعر کا کوئی خاص ذوق نہیں تھا۔ ہمارا ماتھا وہیں ٹھنکا تھا کہ یہ مضمون ان کا نہیں ہو سکتا۔ بعد میں معلوم ہوا کہ یہ مضمون میراجیؔ کا لکھا ہوا تھا۔ شروع شروع میں جب ان کی شراب نہیں بڑھی تھی وہ روپے پیسے سے بھی بعض دوستوں کی مدد کرتے تھے۔ تنخواہ میں سے کچھ پس انداز کر کے اپنے والد اور چھوٹے بھائی کو بھی کچھ بھیجا کرتے تھے، اور یہ چھوٹے بھائی وہی صاحب تھے جنہوں نے میراجیؔ کی تمام نظمیں چند پیسوں میں بیچ ڈالی تھیں۔ ہوا یہ کہ انہوں نے سارے گھر کی ردی کسی پھیری والے کے ہاتھ میں دو تین آنے سیر کے حساب سے بیچی اور اس میں میراجیؔ کی وہ دو ضخیم کاپیاں بھی تول دیں جن میں ان کی نظمیں لکھی ہوئی تھیں۔ میراجیؔ نے لاہور کے تمام ردی بیچنے والے چھان ڈالے مگر وہ مجموعے نہ ملنے تھے نہ ملے۔ اس کا انہیں بے حد رنج پہنچا، اتنا کہ انہوں نے اپنا گھر اور اپنے عزیزوں کو ہمیشہ ہمیشہ کے لیے چھوڑ دیا۔ جس گھر میں ان کے ہنر کی یہ توقیر ہو وہ وہاں کیسے رہ سکتے تھے اور جن کے ہاتھوں ان کے حاصل عمر کا یہ حشر ہو بھلا وہ ان سے ملنا کیسے گوارہ کر سکتے تھے؟ گھر تو گھر

انہوں نے لاہور ایسا چھوڑا کہ پھر کبھی ادھر کا رخ نہیں کیا۔

میرا جیؔ کو میں نے کبھی کسی سے بد زبانی کرتے نہیں دیکھا۔ وہ تو کسی سے مذاق تک نہیں کرتے تھے۔ ان کا رکھ رکھاؤ ایسا تھا کہ کیا مجال جو کوئی ان سے ناشائستہ بات کرلے۔ ادب آداب ہمیشہ ملحوظ رکھتے۔ ان کی بھونڈی وضع قطع پر بے تکلف دوست پھبتیاں کستے مگر وہ صرف مسکرا کر رہ جاتے اور کبھی الٹ کر کوئی سخت جواب نہ دیتے۔ اس سے یہ ہوتا کہ معترض خود شرمندہ ہو جاتا۔

عجیب بات میرا جیؔ میں یہ تھی کہ ان کی جملہ خرابیوں کے باوجود سب ان کی عزت کرتے تھے۔ انہیں دیکھ کر اندر سے دل کہتا تھا کہ یہ ایک عظیم انسان ہے اور عزت و احترام کا مستحق۔ نہ جانے اس شخص میں کیا بات تھی کہ اتنی نفرت انگیزیوں کے باوجود دل اس کی طرف کھنچتا تھا۔ ایسا مقناطیسی شخصیت کا انسان میں نے کوئی اور نہیں دیکھا۔ شاید اس کی وجہ یہ ہو کہ ان کا ظاہر و باطن ایک تھا۔ انہوں نے کبھی اپنے عیبوں کو نہیں چھپایا اور نہ کبھی اپنی خوبیوں کو سراہا۔ ریاکاری ان میں نام کو نہیں تھی۔ ان کے لیے خلوت اور جلوت دونوں ایک تھے۔ اخلاقی قدریں اضافی تو ہوتی ہی ہیں، ان کے نزدیک مروّجہ اخلاق کی کوئی حیثیت نہیں تھی۔ بلکہ وہ انہیں برا سمجھتے تھے اور ان کی تحقیر کرتے تھے۔ یا شاید انہوں نے انتقاماً ظاہر کو تج دیا تھا اور ان کا باطن ہی ظاہر بن گیا تھا۔ اور شاید یہی ان کی عظیم شخصیت کا راز ہو۔

***

۴

مولوی نذیر احمد دہلوی

میں نے مولوی نذیر احمد صاحب کو پانچ برس کی عمر میں آخری بار دیکھا۔ اس سے پہلے دیکھا تو ضرور ہو گا مگر مجھے بالکل یاد نہیں۔ مجھے اتنا یاد ہے کہ ہم تین بھائی ابّا کے ساتھ حیدر آباد دکن سے دلّی آئے تھے تو کھاری باؤلی کے مکان میں گئے تھے۔ ڈیوڑھی کے آگے صحن میں سے گزر کر پیش دالان میں گئے، یہاں دو تین آدمی بیٹھے کچھ لکھ رہے تھے۔ پچھلے دالان کے دروں میں کیواڑوں کی جوڑیاں چڑھی ہوئی تھیں جن کے اوپر رنگ برنگ شیشوں کے بستے بنے ہوئے تھے۔ یہ تین دروازے تھے جن میں سے دو کھلے ہوئے تھے اور ایک دائیں جانب کا بند تھا۔ اس کمرے نما دالان میں ہم ابّا کے ساتھ داخل ہوئے تو سامنے ایک پلنگ پر ایک بڑے میاں دکھائی دیے۔ ان کی سفید داڑھی اور کنٹوپ صرف یاد ہے۔ ابّا جلدی سے آگے بڑھ کر ان سے لپٹ کر رونے لگے اور ہم حیران کھڑے رہے۔ جب ان کے دل کی بھڑاس نکل گئی تو ہمیں حکم ہوا کہ دادا ابّا کو سلام کرو۔ ہم نے سلام کیا، انہوں نے پیار کیا۔ ایک ایک اشرفی سب کو دی اور ہم کمرے کے اندھیرے سے گھبرا کر باہر نکل آئے اور کھیل کود میں لگ گئے، اس کے بعد انہیں پھر دیکھنا نصیب نہیں ہوا۔

سر سالار جنگ نے جب انہیں حیدر آباد بلایا تو انہوں نے یہ کہہ کر آنے سے انکار

کر دیا کہ میں اسٹرانگ گورنمنٹ کو چھوڑ کر دیک گورنمنٹ میں نہیں آتا۔ جب انہوں نے اصرار کیا تو تنخواہ اتنی زیادہ طلب کی کہ وہ کسی قاعدے سے اتنی رقم نہیں دے سکتے تھے۔ اس دشواری کو یوں حل کیا گیا کہ مولوی صاحب کے ساتھ ان کے دو دامادوں کو بھی اچھی تنخواہوں پر رکھ لیا گیا۔

مولوی نذیر احمد کو زمانہ سازی بالکل نہیں آتی تھی۔ سچی بات کہنے میں انہیں باک نہ ہوتا تھا۔ حیدرآباد دکن میں بڑے بڑے عہدوں پر مامور ہوئے مگر خوش کسی کو نہ کر سکے۔ اسی وجہ سے زیادہ عرصے تک وہاں نہ رہ سکے اور پنشن لے کر دلّی چلے آئے۔ ان کے لیے "غیور جنگ" کا خطاب تجویز ہوا تھا۔ مگر انہوں نے اسے قبول نہیں کیا۔

نواب افتخار علی خاں والئ ریاست جادرہ کے بھائی نواب سرفراز علی خاں مرحوم بہت بیمار تھے۔ ان کے لیے طبیبوں کی کیا کمی تھی؟ دُنیا بھر کے علاج کرائے مگر شفا نہ ہوئی۔ ایک دن انہوں نے مولوی نذیر احمد کو خواب میں دیکھا کہ ان سے کہہ رہیں ہیں "ہمارے قرآن کا ترجمہ چھپوالو۔ اچھے ہو جاؤ گے۔" نواب صاحب نے میرے والد کو دلّی خط لکھا اور اس خواب کی رُوداد بیان کر کے ترجمہ شائع کرنے کی اجازت مانگی، والد صاحب نے اجازت دے دی اور صرف ترجمہ قرآن دو بڑی خوبصورت جلدوں میں ریاست جاورہ کے چھاپہ خانے سے شائع ہوا۔ خدا کی شان کہ نواب صاحب بالکل تندرست ہو گئے اور جب اس واقعہ کے کوئی بیس سال بعد میں ان سے ملا تو ستر سے بہتر کے ہو چکے تھے۔ مگر وہ ایک بڑا خوب صورت نیا محل بنوا رہے تھے۔ کیونکہ انہوں نے ایک اور نئی شادی کر لی تھی۔

مولوی احمد حسن صاحب 'احسن التفاسیر' مولوی نذیر احمد کے خویش تھے۔ ایک دن مولوی نذیر احمد کے ہاں بیٹھے ہوئے تھے۔ مولوی احمد حسن نے دیکھا کہ ڈپٹی صاحب

کی کُہنیاں بہت میلی ہو رہی ہیں۔ اور ان پر میل کی ایک تہہ چڑھی ہوئی ہے۔ مولوی صاحب سے نہ رہا گیا، بولے "اگر آپ اجازت دیں تو جھانوے سے آپ کی کہنیاں ذرا صاف کر دوں۔" ڈپٹی صاحب نے اپنی کہنیوں کی طرف دیکھا اور ہنس کر کہنے لگے "میاں احمد حسن یہ میل نہیں ہے۔ میں جب بجنور سے آکر پنجابی کٹرے کی مسجد میں طالب علم بنا تھا تو رات رات بھر مسجد کے فرش پر کہنیاں ٹکائے پڑھا کرتا تھا۔ پہلے ان کہنیوں میں زخم پڑے اور پھر گٹّے پڑ گئے۔ لو دیکھ لو، اگر تم انہیں صاف کر سکتے ہو تو صاف کر دو۔" اس کے بعد اپنا وہ زمانہ یاد کر کے آبدیدہ ہو گئے۔ اور مولوی احمد حسن بھی رونے لگے۔

مولوی صاحب بڑے فخر سے اپنے بچپن کے مصائب بیان کرتے تھے۔ جس مسجد میں ٹھہرے تھے اس کا ملّا بڑا بد مزاج اور بے رحم تھا۔ کڑکڑاتے جاڑوں میں ایک ٹاٹ کی صف میں یہ لپٹ جاتے اور ایک میں ان کے بھائی۔ سات آٹھ سال کے بچے کی بساط ہی کیا؟ علی الصباح اگر آنکھ نہ کھلتی تو مسجد کا ملّا ایک لات رسید کرتا اور یہ لڑھکتے چلے جاتے اور صف بھی بچھ جاتی۔ اس زمانے کے طالب علموں کی طرح انہیں بھی محلے کے گھروں سے روٹی مانگ کر لانی پڑتی تھی۔ دن اور گھر بندھے ہوئے تھے۔ انہی گھروں میں سے ایک گھر مولوی عبدالقادر صاحب کا بھی تھا۔ روٹی کے سلسلے میں جب ان کے ہاں آنا جانا ہو گیا تو نذیر احمد سے اوپر کے کام بھی لیے جانے لگے۔ مثلاً بازار سے سودا سُلف لانا۔ مسالہ پیسنا۔ لڑکی کو بہلانا۔ لڑکی بڑی ضدّن تھی۔ ان کا کولھا توڑتی اور انہیں مارتی پیٹتی رہتی۔ ایک دفعہ مسالہ پیستے میں مرچوں کا بھرا ہوا ڈبہ چھین کر ان کے ہاتھ کچل ڈالے۔ قدرت کی ستم ظریفی دیکھیے کہ یہی لڑکی آگے چلکر مولانا کی بیوی بنی۔

مولوی نذیر احمد بڑے غیور آدمی تھے۔ سسرال والے خاصے مرفہ الحال تھے۔ مگر انہوں نے اسے گوارا نہ کیا کہ سسرال والوں کے ٹکڑوں پر پڑے رہیں۔ جب ان کی شادی

ہوئی تو غالباً پندرہ روپے کے ملازم تھے۔ اسی میں الگ ایک کھنڈلا لے کر رہتے تھے۔ میں نے بڑی بوڑھیوں سے سُنا ہے کہ ان کے گھر میں صرف ایک ٹوٹی ہوئی جوتی تھی۔ کبھی بیوی ان لیتروں کو ہلگا لیتیں کبھی میاں۔

دلّی کالج سے فارغ التحصیل ہونے کے بعد انہیں کوئی سرکاری ملازمت نہیں ملی تو سخت برہم ہوئے۔ پرنسپل سے جا کر ایک دن بولے کہ "مجھے سرکاری ملازمت اگر نہیں دی گئی تو اپلوں کی ڈنڈی کھولوں گا اور اس پر دلّی کالج کی سند لگادوں گا۔" مگر اس کی نوبت نہیں آئی اور انہیں ملازمت مل گئی۔

مولوی عنایت اللہ مرحوم منشی ذکاء اللہ دہلوی کے بڑے صاحب زادے تھے۔ یہ وہی مولوی عنایت اللہ ہیں جو علی گڑھ کالج کے ابتائی زمانے کے گریجویٹ تھے اور اردو میں ترجمہ ایسا کرتے کہ اس میں طبع زاد تصنیف کا مزہ آتا۔ اخیر میں حیدرآباد دکن میں ناظم الترجمہ بھی رہے۔ کچھ تو منشی ذکاء اللہ کی نسبت سے اور کچھ اپنی غیر معمولی قابلیت کی بنا پر مولوی صاحب سر سید احمد خاں کے مقربین میں شامل تھے اور ان کے سکریٹری کے فرائض بھی انجام دیتے تھے۔ مولوی صاحب نے بتایا کہ ایک دفعہ سر سید احمد خاں کالج کے لیے چندہ جمع کرنے لاہور گئے۔ ان کے سب رفیق ہم رکاب تھے۔ سید صاحب کو توقع تھی کہ زندہ دلانِ پنجاب سے بہت روپیہ ملے گا۔ سو دوست۔ سو دشمن۔ سید صاحب کے مخالفین میں مولویوں کی ایک بااثر جماعت بھی تھی جس نے سید صاحب اور ان کے ہم خیال لوگوں کو "نیچری" موسوم کر کے خوب مخالفانہ پروپیگنڈا کیا تھا۔ سید صاحب لاہور پہنچے اور شہر کے اخباروں اور پوسٹروں کے ذریعے ان کے آنے اور خطاب کرنے کی خبر مُشتہر کی گئی کہ بعد نماز جمعہ شاہی مسجد میں سید صاحب لکچر دیں گے۔ انہیں امید تھی کہ خلقت کا خوب ہجوم ہو گا مگر مولویوں کی مخالف جماعت کا زہر پھیل چکا تھا۔ نماز

جمعہ کے بعد جب سید صاحب کھڑے ہوئے تو سارے نمازی انہیں نیچری اور کافر کہتے ہوئے باہر نکل گئے۔ صرف مُٹھی بھر آدمی بیٹھے رہ گئے۔ سید صاحب اس ماجرے کے لیے بالکل تیار نہیں تھے، ایسے رونکھے اور شکستہ دل ہوئے کہ ہمت ہی ہار بیٹھے۔ جائے قیام پر بے حد مایوس لوٹے اور اپنی ناکامی پر تاسف کرنے لگے۔ ان کے رفقا نے ان کی ڈھارس بندھائی مگر کوئی صورت حالات کو سنبھالنے کی سمجھ میں نہ آئی۔ بالآخر سید صاحب نے فرمایا "نذیر احمد کو دلّی سے لاؤ تو شاید کچھ کام بن سکے" منشی ذکاء اللہ انہیں لانے کے لیے بھیجے گئے کیونکہ ڈپٹی صاحب خود بڑے ضدی اور ہٹیلی طبیعت کے آدمی تھے اور سوائے منشی ذکاء اللہ کے اور کوئی انہیں رام نہیں کر سکتا تھا۔ سید صاحب سے بعض امور میں انہیں اختلاف ضرور تھا لیکن مسلمانوں کی تعلیم و ترقی کے باب میں وہ سید احمد خاں کے حامی و مددگار تھے۔ نذیر احمد کا اس زمانے میں طوطی بول رہا تھا۔ اور وہ ہر طبقے میں ایک بہت بڑے عالم دین سمجھے جاتے تھے اور لوگوں کو یہ گمان بھی تھا کہ ڈپٹی صاحب نیچریوں کے خلاف ہونے کی وجہ سے سید صاحب کے مخالفین میں سے ہیں اور غالباً وہ اسی وجہ سے اس سفر میں سید صاحب کے ساتھ گئے بھی نہیں تھے۔ لیکن جب ڈپٹی صاحب کو یہ معلوم ہوا کہ سرسید کی لاہور میں یہ دُرگت بنی تو جھٹ منشی ذکاء اللہ کے ساتھ ہو لیے۔ لاہور پہنچتے ہی ایک بڑا پوسٹر شائع کیا گیا کہ نیچریوں سے مقابلہ و مناظرہ کرنے کے لیے دلّی سے ایک بہت بڑے جغادری مولوی کو بُلایا گیا ہے اور بعد نماز جمعہ شاہی مسجد میں یہ معرکہ ہوگا۔ شہر میں یہ خبر آگ کی طرح پھیل گئی اور ہر مسلمان کو شوق و تجسس ہوا کہ ان مولوی صاحب کو دیکھے کہ کس کس طرح نیچریوں کو پٹخنیاں دیتے ہیں، لوگ جوق در جوق آنے لگے اور شاہی مسجد میں تل دھرنے کو جگہ نہ رہی۔ نماز کے بعد مولوی نذیر احمد کھڑے ہوئے اور نیچریوں کی بُرائی سے ان کا لکچر شروع ہوا۔ سننے والوں میں بڑا

جوش و خروش تھا۔ نذیر احمد کا لکچر خدا جانے کیسے کیسے پہلو بدلتا ہوا کہاں پہنچا۔ جب لکچر ختم ہوا تو علی گڑھ کے لیے روپیہ برس رہا تھا اور انہی نیچریوں کے ہاتھ چومے جا رہے تھے، اور لوگوں کو معلوم ہوا کہ یہ جغادری مولوی نذیر احمد ہیں۔

مولوی عنایت اللہ مرحوم فرماتے تھے کہ جب ہم لاہور سے دلّی واپس آرہے تھے تو ایک ہی ڈبّے میں سب سوار تھے۔ سر سید احمد خاں نے کسی بات کے سلسلے میں کہا "مولوی صاحب! میں اس لائق بھی نہیں ہوں کہ آپ کے جوتے کے تسمے باندھوں۔" مولوی نذیر احمد کھڑے ہوئے اور تعظیماً تین آداب بجالائے۔

سر سید احمد خاں عمر میں مولوی نذیر احمد سے بیس بائیس سال بڑے تھے اور عوام کے علاوہ انگریزی حکام میں بھی بہت معزز تھے۔ مولوی نذیر احمد بھی ان کی بڑی عزت کرتے اور دامے درمے، قدمے سُخنے ان کی مدد کرتے۔ ایک دفعہ علی گڑھ کالج میں ایک ہندو محاسب نے لاکھوں روپے کا غبن کیا اور کالج جاری رکھنا محال ہو گیا۔ اس خبر کو سن کر مولوی نذیر احمد دلّی سے علی گڑھ پہنچے اور ہر طرح کی ڈھارس بندھائی۔ بولے "اگر روپے کی ضرورت ہو تو یہ روپیہ اس وقت موجود ہے، لے لو اور بھی دوں گا۔ اور اگر کسی خدمت کی ضرورت ہو تو میں حاضر ہوں۔" سر سید اس خلوص سے بے حد متاثر ہوئے۔

اسی زمانے میں مولوی نذیر احمد کے دو نواسے مشرف الحق اور اشرف الحق علی گڑھ میں پڑھتے تھے۔ (ڈاکٹر) اشرف الحق نے بتایا کہ "نانا ابّا نے ہمیں سید صاحب کے کمرے میں بُلوایا تو ہم نے دیکھا کہ ان کے پاؤں میں بوٹ ہیں اور وہ ٹانگیں میز پر سر سید کی طرف کیے نہایت بد تمیزی سے بیٹھے ہوئے ہیں۔ (ڈاکٹر) اشرف نے چپکے سے ان سے کہا "نانا ابّا پاؤں نیچے کر لیجیے۔" بولے "یہ انہی کی تعلیم کا نتیجہ ہے۔" سر سید ہنس پڑے۔

ٹامسن صاحب (جو غالباً شمال مغربی صوبے کے لفٹننٹ گورنر تھے) مولوی نذیر احمد

کے بڑے قدرداں دوست تھے۔ ان کی آمد کی اطلاع پاکر مولوی صاحب ان سے ملنے گئے۔ چپراسی نے ایک مُلّا شکل کے کالے آدمی کو دیکھا تو کوٹھی کے دروازے ہی پر روک لیا۔ مولوی صاحب نے لاکھ چاہا کہ کسی طرح تعارفی کارڈ صاحب تک پہنچادے مگر وہ ٹس سے مس نہ ہوا۔ اسے یہ بھی بتایا کہ میرے پُرانے ملنے والے ہیں مگر وہ بھلا انہیں کیوں گردانتا؟ آخر ہار کر مولوی صاحب نے دو روپے بٹوے میں سے نکال کر اس کے ہاتھ پر رکھے اور کہا "بھائی اب تو للہ پہنچادے۔" یہی تو وہ چاہتا تھا۔ جھٹ کارڈ لے کر اندر چلا گیا اور فوراً ہی مولوی صاحب کی طلبی ہوگئی۔ مولوی صاحب کمرے میں داخل ہوئے تو ٹامسنؔ صاحب سر و قد کھڑے ہوگئے اور بولے "مولوی صاحب مزاج شریف!" یہ کہہ کر انہوں نے ہاتھ ملانے کے لیے اپنا ہاتھ بڑھادیا۔ مولوی صاحب نے کہا، "مزاج میرا اس وقت ٹھیک نہیں ہے اور میں آپ سے ہاتھ بھی نہیں ملا سکتا۔" ٹامسنؔ نے حیران ہوکر پوچھا "کیا ہوا مولوی صاحب آپ کو؟" بولے "آپ کا چپراسی دو روپے مجھ سے لینے کے بعد آپ تک مجھے لایا ہے۔" صاحب تو یہ سنتے ہی آگ بگولہ ہوگئے۔ اس چپراسی کو آواز دے کر بُلایا اور پوچھا "تم نے مولوی صاحب سے دو روپے لیے؟" روپے اس کی جیب میں موجود تھے انکار کیسے کرتا؟ کہنے لگا "جی ہاں!" صاحب نے خفگی سے کہا "تم برخاست۔" اور مولوی صاحب سے بولے۔ "لایئے اب ہاتھ ملایئے۔" مولوی صاحب نے ہاتھ نہیں بڑھایا اور کہا "مگر وہ میرے دو روپے تو مجھے واپس نہیں ملے۔" صاحب نے پھر اس چپراسی کو آواز دی اور اس سے مولوی صاحب کے دو روپے واپس دلوائے۔ بولے "اب ہاتھ ملایئے۔" مولوی صاحب نے اب بھی ہاتھ نہیں بڑھایا۔ صاحب نے متعجب ہوکر پوچھا "اب کیا بات ہے؟" مولوی صاحب نے کہا "میرے دو روپے مجھے مل گئے اس کا قصور معاف کیجیے اور اسے بحال کر دیجیے۔" صاحب چیں بجبیں ہوئے مگر مولوی صاحب

کی بات بھی نہیں ٹال سکتے تھے۔ آخر بولے "جاؤ مولوی صاحب کے کہنے سے ہم نے تمہیں بحال کیا۔" یہ کہہ کر پھر ہاتھ بڑھایا اور اب کے مولوی صاحب نے بھی ہاتھ بڑھا دیا۔

مولوی نذیر احمد صاحب علی گڑھ کے لیے چندہ اگانے کے سلسلے میں بہت کارآمد آدمی تھے۔ اس لیے جہاں تک ممکن ہوتا سرسید انہیں اپنے دوروں میں ساتھ رکھتے اور ان سے تقریریں کراتے۔ نذیر احمد کی قوتِ تقریر کے متعلق کہا جاتا تھا کہ انگلستان کا مشہور مقرر برک بھی ان سے زیادہ موثر تقریر نہیں کر سکتا تھا۔ اب بھی اگلے وقتوں کے لوگ جنہوں نے مولوی صاحب کے لکچر سُنے ہیں کہتے ہیں کہ یا تو ہم نے ڈپٹی صاحب کو دیکھا یا اب اخیر میں بہادر یار جنگ مرحوم کو دیکھا کہ سامعین پر جادو سا کر دیتے اور جو کام ان سے چاہتے لے لیتے۔ جب چاہا انہیں ہنسا دیا اور جب چاہا، ان کی جیبیں خالی کرالیں۔ اور عورتوں کے زیور تک اتروالیا کرتے تھے۔ مولوی نذیر احمد میں شوخی و ظرافت کا عنصر زیادہ تھا۔ پھبتی کسنے اور چوٹ کرنے سے بھی نہیں چوکتے تھے۔ خود مولوی صاحب کہا کرتے تھے کہ چندہ اگانے کے لیے سرسید نے ہمارا ایک طائفہ تیار کیا ہے۔ حالیؔ روں روں روں روں سارنگی بجا رہے ہیں۔ شبلیؔ مجیرے کھڑ کھڑا رہے ہیں۔ ہم طلبہ بجا رہے ہیں اور سید صاحب ہاتھ پھیلا پھیلا کر کہہ رہے ہیں "لا چندہ! لا چندہ!!" غور سے دیکھیے یہ کس قدر مکمل تشبیہ ہے۔ کارکردگی کے اعتبار سے کس قدر مکمل۔

مولوی نذیر احمد بہت سخت گیر آدمی تھے اور بہت نرم دل بھی۔ مسلمانوں میں تجارت کا شوق عام کرنے کے لیے روپیہ قرض دیا کرتے تھے اور منافع میں اپنا حصہ بھی رکھتے۔ اس شوقِ تجارت میں انہوں نے بڑے بڑے نقصان اٹھائے۔ پکّا کاغذ لکھوا کر روپیہ دے دیتے اور روپیہ لینے والا خوب نفع کماتا اور اخیر میں دیوالیے ہونے کی

درخواست دے دیتا۔ خوشامد درآمد سے مولوی صاحب کو راضی کر کے رقم کا بیشتر حصہ ہضم کر جاتا۔ اگر مولوی صاحب سے کوئی کہتا بھی کہ آپ کیوں ایسے جھوٹے اور مکار لوگوں کے فریب میں آتے ہیں تو وہ ناراض ہوتے اور جب غصہ دور ہو جاتا تو کہتے "میں اپنے روپے سے ان کا ایمان خریدتا ہوں۔" ایک دفعہ کسی کو روپیہ ادھار دیا۔ اس نے خوب روپیہ کمایا اور کچھ مولوی صاحب کو بھی دیا۔ ایک دن مولوی صاحب بازار میں سے گزر رہے تھے۔ سامنے سے ایک اعلیٰ درجے کی فٹن آئی اور ان کے قریب آکر رُک گئی۔ اس میں سے وہ صاحب شراب کے نشے میں جھومتے ہوئے اترے اور جو رنڈی ساتھ تھی اس سے ٹھٹھا مار کر بولے "ان مولوی صاحب کو سلام کرو، یہ سب کچھ انہی کی بدولت ہے۔" مولوی صاحب کو یہ بات نہایت ناگوار گزری۔ خون کا سا گھونٹ پی کر چپکے ہو رہے اور گھر آکر پہلا کام یہ کیا کہ موتی ساگر وکیل کو بُلایا۔ اس شخص کے کاغذات ان کے حوالے کیے اور اس پر نالش کر دی۔ مقدمے نے طول پکڑا اور خوب خوب روپیہ برباد ہوا۔ فریق ثانی نے جب یہ دیکھا کہ اب قید ہونے کے سوا اور کوئی چارہ نہیں تو ایک دن آکر مولوی صاحب کے پاؤں پکڑ لیے۔ اور ان کے قدموں میں لوٹ گیا۔ مولوی صاحب نے اسے معاف کر دیا۔

مولوی نذیر احمد عربی میں غیر معمولی استعداد رکھتے تھے۔ کئی کئی سال سے لوگوں کا ان پر تقاضا تھا کہ قرآن مجید کا ترجمہ کرو۔ مگر وہ پس و پیش کرتے اور کہتے کہ یہ کام ان لوگوں کا ہے جو خدمت دین میں اپنی ساری ساری عمر صرف کر چکے ہیں۔ مگر جب پنشن لے کر وہ دلّی آگئے تو تیسیر کا ترجمہ شروع کیا اور اس سلسلے میں اکثر آیاتِ قرآنی کا ترجمہ بھی کرنا پڑا۔ اس سے انہیں اندازہ ہوا کہ یہ کام اتنا دشوار نہیں ہے جتنی کہ طبیعت میں ہچکچاہٹ ہے۔ چنانچہ کئی مولویوں اور عالموں کے مشوروں سے انہوں نے قرآن مجید

کا ترجمہ کرنا شروع کیا۔ ایک ایک لفظ پر ردو قدح ہوئی اور بالآخر ایک رائے ہو کر ترجمہ لکھ لیا جاتا۔ ترجمہ مکمل ہونے کے بعد بھی ایک نابینا جید عالم کو پڑھ کر سنایا گیا اور ایک اور عالم کو نظر ثانی کے لیے باہر بھیجا گیا۔ جب کاپیوں کی تصحیح ہوئی اور پروف دیکھے گئے تب بھی ان میں ترمیم کی گئی اور جب تک اس کی طرف سے پورا پورا اطمینان نہیں ہو گیا اسے شائع نہیں کیا گیا۔ اس میں ڈھائی سال لگ گئے مگر ترجمہ بھی ایسا شُستہ رُفتہ اور با محاورہ ہوا کہ اب پچھلے پچاس برس میں کوئی اور ترجمہ اس سے بہتر شائع نہیں ہو سکا۔ خود مولوی صاحب کو اپنی تمام کتابوں میں ترجمۃ القرآن ہی پسند تھا۔ اور وہ فرماتے تھے کہ میں نے اور سب کتابیں دوسروں کے لیے لکھی ہیں اور یہ ترجمہ اپنے لیے کیا ہے کہ یہی میرا توشئہ آخرت ہے۔

مولوی نذیر احمد نے دلّی کی ٹکسالی اور با محاورہ اردو میں ترجمہ کیا۔ اوّل تو ایک زبان کے الفاظ و خیالات کو دوسری زبان میں پوری صحت کے ساتھ منتقل کرنا ایک ناممکن سی بات ہے۔ پھر کلام اللہ کا ترجمہ کہ لفظ اِدھر سے ادھر ہوا اور مفہوم بدلا۔ خدا جانے کن احتیاطوں اور دشواریوں سے یہ ترجمہ مکمل ہوا ہو گا۔ ہم تو یہ جانتے ہیں کہ اگر کسی معمولی مضمون کا ترجمہ بھی کرنے بیٹھتے ہیں تو دم گھٹنے لگتا ہے۔ نذیر احمد جب ترجمہ میں لفظی پابندی سے کام نکلتا نہیں دیکھتے تو مفہوم ادا کرنے کا بہترین پیرایہ اختیار کرتے ہیں۔ چنانچہ تعزیراتِ ہند کے ترجمہ میں بھی انہوں نے یہی ترکیب استعمال کی اور ترجمۃ القرآن میں بھی۔ ٹرانسپورٹیشن فار لائف کا ترجمہ انہوں نے 'حبس دوام بہ عبور دریائے شور' کیا۔ ہم تو "عمر قید" کرتے۔ مگر اس میں کالے پانی بھیجے جانے کا مفہوم ادا نہ ہوتا۔ اسی طرح انہوں نے قرآن مجید کے ترجمے میں "عورتیں مردوں کا لباس ہیں، اور مرد عورتوں کا لباس" لکھنے کے بجائے "مرد عورت کا چولی دامن کا ساتھ ہے" لکھا۔ اور اس

سے بڑھ کر یہ کیا کہ مفہوم کو واضح کرنے کے لیے بریکٹ میں الفاظ یا فقرے اپنی طرف سے بڑھا دیے۔ اس قسم کی "آزادی" اکثر علما کو ناگوار گزری۔ اور چاروں طرف سے اعتراضات کی بوچھار ہوئی۔ اور تو اور مولانا اشرف علی تھانوی مرحوم نے "ردِ ترجمۂ دہلویہ" کے نام سے ایک خاصی ضخیم کتاب لکھ کر اسی زمانے میں چھپوادی تھی۔ مگر مولوی نذیر احمد نے اپنے ترجمہ میں کوئی تبدیلی نہیں کی اور آج تک وہی ترجمہ مقبول انام ہے۔

اس ترجمہ کی نشر و اشاعت کے لیے مولوی صاحب جہاں بھی لکچر دینے جاتے، بڑے بڑے پوسٹر لگوادیتے اور اکثر اپنی تقریروں میں بھی اس کا تذکرہ کرتے۔ پنجاب کے ایک مشہور اخبار نویس کو کلام اللہ کے اس ترجمے سے خدا جانے کیا کاش ہوگئی کہ وہ مولوی صاحب کی مخالفت پر تُل گیا۔ اور لگا ان کے خلاف کالم کے کالم سیاہ کرنے۔ جب مولوی صاحب نے سونے، روپے کے نوالے سے اس کا منہ بند نہیں کیا، وہ اور بھی کمینہ پن پر اتر آیا۔ اور مولوی صاحب کی ذاتیات پر حملے کرنے لگا۔ مولوی صاحب اس پر بھی طرح دے گئے تو اس نے بُہتان تراشی اور افترا پردازی شروع کردی۔ اب مولوی صاحب کو بھی جلال آگیا اور مقدمہ بازی شروع کردی۔ مولوی صاحب کثیر دولت کے مالک تھے۔ اور وہ اس ترنگ میں تھا کہ میں نے بھی بڑے بڑوں کو مار رکھا ہے۔ یہ سلسلہ خوب دراز ہوا۔ یہاں تک کہ مولوی صاحب کو اطلاعیں پہنچنے لگیں کہ وہ مقدمے کی زیر باری سے تباہ و برباد ہوا جارہا ہے۔ اخیر میں چند بھلے مانس بیچ میں پڑے۔ اس سے معافی نامہ داخل کرایا اور مولوی صاحب نے اسے معاف کردیا۔

مولوی نذیر احمد نے اپنی آخری عمر میں ایک کتاب "امہات الاّمہ" لکھی تھی۔ اس زمانے میں عام دستور تھا کہ پادری چوراہوں میں کھڑے ہوکر عیسائیت کی تبلیغ کرتے اور بہکا سکھا کر لوگوں کو عیسائی کرلیتے۔ عیسائی پادریوں کے اردو اخبار بھی اسی غرض سے

جاری تھے اور اکثر کتابچے بھی عیسائی اداروں سے شائع ہوتے رہتے تھے۔ ایک پادری نے آنحضرت صلی اللہ علیہ وسلم پر غلط سلط اعتراضات کیے۔ بالخصوص ان کے ایک سے زیادہ نکاح کرنے پر۔ اس کا جواب چند علماء نے دیا۔ ایک جواب سرسید احمد خاں نے بھی لکھا اور مولوی نذیر احمد نے ایک پوری کتاب اس کے جواب میں لکھ دی۔ یہ کتاب ویسے تو ایک پادری کے احمقانہ اعتراضات کے جواب میں لکھی گئی، لیکن فی الحقیقت تاریخ اسلام کا ایک بیش بہا باب ہے جو تعقلی تنقید کی روشنی میں لکھا گیا۔ مولوی صاحب سے ادب کی رو میں یہ بے ادبی ہوگئی کہ انہوں نے آنحضرت ﷺ اور اہل بیت جیسی مقدس ہستیوں کے ناموں کے ساتھ احترام کے الفاظ نہیں لکھے اور چند فقرے ایسے بھی لکھ گئے جو زبان کے اعتبار سے خواہ کتنے ہی صحیح کیوں نہ ہوں احترامِ بیان کے لحاظ سے ناموزوں بلکہ ہتک آمیز سمجھے گئے۔ اس کتاب کا چھپنا تھا کہ مخالفین نے خوب جلے دل کے پھپھولے پھوڑے، مولوی صاحب سے مطالبہ کیا گیا کہ یہ کتاب ہمارے حوالے کرو اور ہم اسے جلسہ کر کے جلائیں گے۔ یہ بات مولانا کو بہت ناگوار گزری اور انہوں نے صاف انکار کر دیا۔ اس پر عوام میں آگ اور بھڑکائی گئی۔ علماء کا ایک جلسہ ہو رہا تھا۔ اس میں ان کے خلاف کارروائی کی گئی۔ حکیم اجمل خاں کو مولوی صاحب کے پاس بھیجا گیا۔ وہ اس وعدہ پر کتابیں لے آئے کہ اپنے پاس محفوظ رکھیں گے۔ اور کیا یہ کہ کتابیں لا کر بھرے جلسے میں مولویوں کے حوالے کر دیں۔ کتابوں کے ڈھیر میں آگ لگا دی گئی اور اس کے مصنف کو کفر کا فتویٰ دے دیا گیا۔ مولوی صاحب اس جارحانہ کارروائی سے اس قدر دل ریش ہوئے کہ انہوں نے اس دن کے بعد قلم کو ہاتھ تک نہیں لگایا۔ اس کتاب کے سلسلے میں مولوی صاحب کہا کرتے تھے کہ اگر آج کل کے سارے مولوی مل کر مجھ پر دلائل کے ہتھیار سے حملہ کریں تو میں ان کے دلائل کو اس طرح کاٹ دوں گا جیسے قینچی کپڑے

کو کاٹ دیتی ہے۔ اور کپڑا دوبارہ جُڑ نہیں سکتا۔ اس سارے ہنگامے کی بنیاد بہت گھٹیا رقابت کے جذبے پر تھی۔ مولانا کے انتقال کے بعد کسی کو شکایت نہیں رہی۔ آج بھی وہی کافر نذیر احمد ہیں جن کی کتابیں تعلیم گاہوں میں پڑھائی جا رہی ہیں۔ جن کا ترجمۃ القرآن ہر گھر میں موجود ہے اور جن کی تعزیراتِ ہند کا ترجمہ تمام ہندوپاکستان کی عدالتوں میں رائج ہے۔

مولوی محمد حسین آزادؔ اواخرِ عمر میں ہوش و حواس کھو بیٹھے تھے۔ ایک دن اپنے گھر سے غائب ہو گئے۔ پہلے لاہور میں انہیں تلاش کیا گیا پھر اور شہروں میں۔ مگر ان کا کچھ پتہ نہیں چلا۔ کئی مہینے غائب رہنے کے بعد وہ ایکا ایکی دلّی میں رونما ہوئے۔ لبریاں لگی ہوئیں۔ ننگے پاؤں۔ پیروں میں چھالے، منہ پر خاک۔ چہرے پر وحشت، لال لال دیدے! سیدھے منشی ذکاء اللہ کے مکان میں گھس آئے۔ منشی ذکاء اللہ سے ان کا بچپن کا یارانہ تھا۔ وہ انہیں اس جنون کی کیفیت میں دیکھ کر لرز گئے۔ فوراً ان کے کپڑے بدلوائے۔ منہ ہاتھ دُھلوایا۔ معلوم ہوا کہ لاہور سے پیدل چلے تھے اور خدا جانے کہاں کہاں کی خاک چھانتے دلّی پیدل ہی پہنچ گئے۔

ایک دن مولوی نذیر احمد منشی ذکاء اللہ کے ہاں پہنچے تو دیکھتے کا ے ہس کہ مولانا آزادؔ ایک مونڈھے پر بیٹھے ھ ہںل اور دوسرے مونڈھے پر منشی ذکاء اللہ بیٹھے انائی سے حجامت بنوا رہے ہں ن۔ نہ جانے مولانا آزادؔ کو کاہ خالل آیا کہ اٹھے اور نائی کے ہاتھ سے استرا چھن لال اور بولے "ابے تو کاک حجامت بنائے گا، ہم بناہں و گے۔" یہ کہہ کر منشی ذکاء اللہ کا گلا بنانے لگے اور سارا خط بھی بناڈالا۔ مولوی نذیر احمد نے بعد ہں ن منشی جی سے کہا "اماں تم نے غضب کاو کہ اس جنونی کے آگے اپنا گلا کر دیا۔ اور جو وہ اڑا دیتا؟" منشی ذکاء اللہ نے کہا "نہں۔ آزادؔ تو ہمارا دوست ہے۔ ہمارا گلا نہں م کاٹ سکتا۔"

مولوی نذیر احمد کی پنشن پندرہ سو روپے ہر مہینے آیا کرتی تھی۔ اس زمانے میں نوٹوں کا اتنا دستور نہیں تھا۔ چاندی کا روپیہ لیا دیا جاتا تھا۔ جب پنشن کا روپیہ آتا تو مولوی صاحب کے آگے ایک چھوٹی میز پر بیس بیس روپے کی ڈھیریاں لگادی جاتیں اور وہ ڈھیریاں سنبھال لیتے۔ اگر گھر کا کوئی چھوٹا بچہ کھیلتا ہوا ادھر آتا تو مولوی صاحب اسے اٹھاکر روپوں کی چبوتری پر بٹھادیتے اور خوب ہنستے پھر ان کی آنکھوں میں آنسو بھر آتے اور وہ کہتے "جتنی میری پنشن آتی ہے اتنی ان میں سے کسی کی تنخواہ بھی نہیں آئے گی۔" اور ان کی یہ پیشن گوئی اب تک تو سچ ثابت ہو رہی ہے۔

مولوی عنایت اللہ صاحب فرماتے تھے کہ جب میرے والد صاحب کا انتقال ہوا تو میں نے ڈپٹی صاحب کو جاکر اطلاع دی۔ بہت رنجیدہ ہو کر بولے "تمہارے ابّا نے جانے میں جلدی کی۔ ساتھ ہی چلتے۔" آبدیدہ ہو گئے اور کچھ نہیں فرمایا۔ منشی ذکاء اللہ ان کے ہم سن اور سب سے پرانے ساتھی تھے۔

***

۵

مرزا عظیم بیگ چغتائی

اللہ بخشے مرزا عظیم بیگ چغتائی بھی عجب خوبیوں کے آدمی تھے۔ سدا کے مرجیوڑے۔ پیدا ہوئے تو اتنے نحیف و کمزور کہ روئی کے پہلو پر رکھے گئے۔ بڑے ہوئے تو روگی مرجین۔ اللہ کا دیا گھر میں سب کچھ موجود تھا۔ ددھیال بھی جاندار تھی اور ننھیال بھی ساونٹی۔ ان کے والد قسیم بیگ چغتائی یوپی میں ڈپٹی کلکٹر تھے۔ آبائی وطن آگرہ تھا۔ یہیں ان کی جدی جائداد بھی تھی۔ مرزا عظیم بیگ چغتائی کے نانا مُنشی امراؤ علی تھے۔ جو اب سے نصف صدی پہلے کے مشہور ناول نگار تھے۔ ان کی تصانیف "رزمِ بزم" اور "البرٹ مل" ایک زمانے میں بہت مقبول تھیں۔ مرزا صاحب کے والد بڑے ٹھاٹ کے آدمی تھے۔ سرسید کی آنکھیں دیکھے ہوئے علی گڑھ کے ابتدائی گریجویٹس میں سے تھے۔ اپنے زمانے کے اچھے کھلاڑیوں میں شمار ہوتے تھے۔ ورزش کا بھی شوق تھا۔ سواری کے لیے منہ زور سے منہ زور گھوڑے تلاش کرکے رکھتے تھے۔ بڑے طاقت ور آدمی تھے۔ ایک بلی نے گھر والوں کو بہت عاجز کر رکھا تھا۔ ایک دن وہ ان کے ہاتھ آگئی۔ ہاتھ اس کی کمر پر پڑا۔ چاہتے تھے کہ اسے گھر سے باہر اچھال دیں مگر وہ کم بخت کلائی میں لپٹ گئی۔ انہیں بھی تاؤ آگیا۔ اسنے اپنے پنجوں اور دانتوں سے ان کی کلائی ادھیڑ دی مگر انہوں نے بھی اپنے پنجے کی گرفت اتنی سخت کی کہ اس کی ہڈی پسلی ایک ہوگئی اور اسے اس وقت

تک نہیں چھوڑا جب تک اس کا دم نہ نکل گیا۔ ویسے وہ بڑے خوش مزاج آدمی تھے اور چھوٹے بڑے سب سے اچھی طرح پیش آتے تھے۔

چغتائی صاحب چونکہ پیدا ہی کمزور ہوئے تھے اس لیے اور بچوں کے مقابلے میں ان کی طرف والدین کی توجہ زیادہ رہتی تھی۔ لاڈ پیار میں پلے۔ کچھ گھر پر پڑھا، کچھ اٹاوہ کے اسکول میں۔ اس کے بعد علی گڑھ سے بی اے اور ایل ایل بی کے امتحانات پاس کیے۔ کالج ہی کے زمانے میں نواب مزمل اللہ خاں کے ہاں ملازمت بھی کرلی تھی۔ کیونکہ شادی ہوگئی تھی اور اخراجات پورے نہ ہوتے تھے۔ اسی زمانے میں مضمون نگاری بھی شروع کردی تھی، بلکہ بچوں کی کہانی "قصرِ صحرا" کا پہلا حصہ میٹرک پاس کرنے سے پہلے ہی لکھ چکے تھے۔ اس کے باقی دو حصے بعد میں لکھے۔ محنتی اور ذہین بہت تھے۔ جسمانی کمزوری کی تلافی دماغی قوت سے ہوگئی تھی۔ کالج کے زمانے میں اسلامی تاریخ کے سلسلے میں مذہب کا بھی مطالعہ کرڈالا۔ اور حدیث و فقہ سب چاٹ گئے۔ علی گڑھ والوں کی طرح یہ بھی آزاد خیالی اور مغربیت کے دلدادہ تھے۔ قدامت پسندوں اور اور مذہبی خیال والوں سے ان کے مباحثے رہنے لگے۔ انہیں اس میں بھی مزہ آتا تھا کہ دوسروں کو چھیڑیں، ستائیں، جلائیں۔ حدیثیں ازبر تھیں۔ مُستند کتابوں کے حوالے یاد تھے۔ بڑے دھڑلّے سے قائل کردیتے تھے۔ اس کے بعد یہ نوبت آگئی کہ شرط لگاکر بحث کرتے تھے۔ مثلاً اگر تم جیت گئے تو ہم ڈاڑھی رکھ لیں گے اور اگر ہم جیت گئے تو تمہاری ڈاڑھی مونڈ لیں گے۔ بہت سے تو شرط کی نوعیت ہی سے گھبرا کر بھاگ جاتے اور اگر کوئی ہمت کرکے جم گیا تو سمجھو کہ اس کی شامت آگئی۔ سب لڑکوں کو نیوتا دے دیا جاتا۔ شام کو ایک جم غفیر کی موجودگی میں بحث شروع ہوتی۔ کتابیں کھولی جاتیں، دلیل کی تصدیق یا تردید کی جاتی۔ آخر میں نہ جانے کیا ہوتا کہ چغتائی ہی ہمیشہ جیت جاتے۔ پھر کسی منچلے کے ہاں سے شیو کا

سامان منگایا جاتا اور نہایت احتیاط سے ڈاڑھی مونڈ کر محفوظ کر لی جاتی۔ اس طرح انہوں نے کئی ڈاڑھیاں جیتی تھیں۔ ایسا بھی ہوتا تھا کہ جیتی ہوئی ڈاڑھی بیچ دی جاتی تھی۔ وہ اس طرح کہ ہارے ہوئے مولانا سے اس کی مناسب قیمت لے لی جاتی اور ان کی ڈاڑھی بخش دی جاتی۔ اس "قصاص" سے یار لوگ مٹھائی منگاتے اور سب کو شیرینی تقسیم کی جاتی۔ ایسے ہی ایک مباحثے میں چغتائی صاحب ایک دفعہ ہار گئے۔ انہیں ڈاڑھی رکھنی پڑی۔ اس وقت کی ایک تصویر بھی تھی جسے میں نے "کامران" کے سرورق پر چھاپا تھا۔ خدا جانے پھر کیا کفارہ ادا کر کے اس سے نجات پائی۔

چغتائی صاحب کی شادی رام پور کے ایک پٹھان گھرانے میں ہوئی تھی جو مذہب کا بڑا سختی سے پابند تھا۔ چغتائی صاحب نے شادی کے بعد پہلا کام یہ کیا کہ بیوی کا برقعہ اتروادیا اور انہیں اپنے ساتھ کھلے بندوں لانا لے جانا شروع کر دیا۔ اسی وضع سے انہیں اپنی سسرال رام پور بھی لے کر پہنچے تو وہ لوگ بہت بگڑے۔ نوبت یہاں تک پہنچی کہ ان کی اور سسرال والوں کی تنا تنی ہو گئی۔ مصیبت بے چاری بیگم چغتائی کی! باپ بھائیوں کو یہ زعم کہ ہماری لڑکی بھلا ہمارے کہنے سے باہر کیسے ہو سکتی ہے۔ اِدھر بگڑے دل مرزا کہ چاہے جان چلی جائے آن نہ جانے پائے۔ اَڑ گئے کہ صاحب وہی ہو گا جو ہم کہتے ہیں۔ سر پھرے پٹھانوں نے کہا، ایسا ہرگز ہو ہی نہیں سکتا۔ کنبے برادری کے سب بڑے بوڑھے جمع ہوئے۔ صلاح ہوئی کہ لڑکی کو گھر بٹھالیا جائے اور داماد صاحب کو بیک بینی و دو گوش روانہ کر دیا جائے۔ چنانچہ مرزا صاحب سے کہہ دیا گیا کہ ٹھنڈے ٹھنڈے چلتے پھرتے نظر آیئے۔ مرزا کھول گئے مگر کیا کرتے، بولے، "میری بیوی سے اور پوچھ لیجیے۔ اگر وہ بھی یہاں رہنا چاہتی ہیں تو خوشی سے رہیں میں چلا جاؤں گا، اور اگر وہ میرے ساتھ چلنا چاہتی ہیں تو آپ تو آپ دُنیا کی کوئی طاقت انہیں نہیں روک سکتی۔" بات معقول تھی۔

سمجھ میں آ گئی۔ لڑکی سے پوچھا تو وہ نیک بخت چادر اوڑھ کر کھڑی ہو گئی۔ اس غریب کو تو مرنا بھرنا تھا۔ ماں باپ کے پکھوے سے لگی کب تک بیٹھی رہتی؟ گھر والوں نے کہا، "بی بی! ہماری بات نیچی کر کے جا رہی ہو تو پھر کبھی اس دہلیز پر نہ آنا۔ آج سے تم ہمارے لیے اور ہم تمہارے لیے مر گئے۔" وہ بیچاری دھاروں روتی میاں کے ساتھ ہولی اور مدتوں میکے نہ گئی۔

تعلیم سے فارغ ہونے کے بعد چغتائی صاحب نے کتاب "قرآن اور پردہ" لکھی، پھر چند سال بعد "حدیث اور پردہ" اور اس کے کچھ عرصہ بعد "رقص و سرود۔" اسی عرصے میں کچھ لوگوں کے سمجھانے اور کچھ اپنے تلخ تجربات کی وجہ سے انہوں نے مذہب کی طرف سے اپنی توجہ ہٹا کر ادب کی طرف کر لی اور ۱۹۲۹ء سے ان کے ادبی مضامین اور افسانے شائع ہونے لگے۔

جنوری ۱۹۳۰ء میں ان کا افسانہ "انگوٹھی کی مصیبت" نیرنگِ خیال کے سالنامہ میں شائع ہوا۔ اس افسانے کے چھپتے ہی ہمارے ادبی حلقوں میں ایک بھونچال سا آ گیا۔ جس کو دیکھو اس کی زبان پر اسی کا ذکر۔ بعد میں چغتائی صاحب نے وہ بے شمار خطوط مجھے دکھائے جو اس افسانے کے بارے میں ان کے پاس آئے تھے۔ بیشتر خطوط توصیفی تھے لیکن بعض خطوط میں نفسیاتی کیفیات کی روشنی میں افسانے کے بعض مقامات کی توضیح چاہی تھی۔ بعض میں شعور اور لاشعور کی بحث کی گئی تھی۔ ایک خاتون نے پوچھا کہ ہر تو جب ہروئن سے پوچھتا ہے، "بھولو گی تو نہں۔۔۔ بھولو گی تو نہں۔۔۔ بھولو گی تو نہں ش۔۔۔؟" تو اس مس جو قفے ہس اکا آپ بتائں گے کہ یہ لذّتِ التشام سے مغلوب ہونے کے ہس ں؟ چغتائی صاحب بولے، "ہمیں آج تک یک معلوم نہں۔ کہ لذّتِ التشام کاھ ہوتی ہے۔" چنانچہ ہم دونوں نے لُغت مس ک اس کے معنی دیکھے اور چغتائی صاحب ہنسے کہ مرے تو

وہم مس ج بھی یہ بات نہ آئی تھی۔ لوگ بھی کیسی کیسی توضیحیں کر لیتے ہیں۔

اس افسانے کے بعد چغتائی صاحب کے چند اور افسانے دوسرے رسالوں میں چھپے مگر وہ اس طرز کے نہیں تھے۔ اس سال اس سے بہتر اور کوئی افسانہ چھپا ہی نہیں حالانکہ اس زمانے میں بڑے بڑے افسانہ نگار تقریباً سبھی زندہ تھے اور لکھ رہے تھے۔ اس کے کوئی ایک سال بعد میرے پاس ایک خط علی گڑھ سے آیا۔ اس میں چغتائی صاحب کا خط اور دو افسانے تھے۔ خط میں بڑا خلوص تھا اور کسر نفسی بھی۔ ساقی دیکھنے کی خواہش بھی ظاہر کی تھی۔ ان کا خط پا کر بے حد خوشی ہوئی اور اسی دن سے ان سے ملنے کو جی چاہنے لگا۔ یہ افسانے تھے، "ٹکٹ چیکر" اور "کولتار۔" دوسرا افسانہ بہت مشہور ہوا، اور جب ان سے پہلی ملاقات ہوئی تو ہم نے منصوبہ بنایا کہ "کولتار" کا پورا ناول کیسے مرتب کیا جائے۔

مرزا صاحب کا پہلا خط ملنے کے بعد ان سے دس سال تک خط و کتابت کا ایسا سلسلہ شروع ہوا کہ شاید ہی کوئی ہفتہ ناغہ ہوتا ہو۔ ان خطوں میں دُنیا زمانے کی باتیں ہوتی تھیں۔ اور جب خطوں سے جی نہ بھرتا تو وہ دلّی چلے آتے یا مجھے ان کے پاس جانا پڑتا۔

پہلا خط بھیجنے کے دو تین مہینے بعد ان کا خط آیا کہ میں دلّی آ رہا ہوں اور رات کی فلاں گاڑی سے، بیوی بھی ساتھ ہو گی۔ مرزا صاحب کی تصویر ہم سب دیکھ چکے تھے۔ رات کو میں، انصار ناصری اور فضل حق قریشی انہیں لینے اسٹیشن پہنچے۔ ریل آئی، ایک ایک ڈبّہ چھان مارا۔ چغتائی صاحب کا کہیں پتہ نہ چلا۔ جب گاڑی بلکل خالی ہو گئی تو ہم اسٹیشن سے باہر نکل آئے۔ سامنے سڑک پر سے ایک تانگہ گزرا۔ اس میں ایک خاتون اور ایک صاحب دکھائی دیے۔ فضل حق نے کہا، "وہ جا رہے ہیں چغتائی صاحب!" میں نے اور انصار نے چونک کر انہیں دیکھا۔ کوئی بڈھا چُرمرایا سا آدمی تھا۔ موٹی سی عینک لگائے، پھر ہم سب ایک دوسرے کو دیکھ کر ہنس پڑے۔ اگلے دن صبح میں گھر ہی میں تھا کہ اطلاع

پہنچی، "چغتائی صاحب مردانے میں آئے بیٹھے ہیں۔" میں لپک کر پہنچا تو دیکھا کہ بیٹھک میں وہی تانگے والا بڈھا بیٹھا ہے۔ غور سے دیکھا تو اسے تصویر سے کچھ مشابہ پایا۔ اس نے کہا، "آپ ہیں شاہد صاحب؟" میں نے کہا، "جی ہاں۔" اور وہ مجھ سے چمٹ گئے۔ بولے اماں میں تو سمجھا تھا کوئی خوفناک شکل کا مولوی ہوگا۔ مولوی شاہد احمد، تم تو اچھے خاصے آدمی ہو۔" پھر خوب ہنسے تو میں نے دیکھا کہ نیچے کے چار دانت غائب۔ زرد چہرہ، آنکھوں کے کونوں پر بے شمار جھریاں، کلے پچکے ہوئے۔ ہونٹوں کے دونوں طرف قوسیں۔ لبوں پر لاکھا سا جما ہوا۔ چھوٹی چھوٹی کتری ہوئی مونچھیں، ڈاڑھی صاف، دُبلا پتلا سا شخص عینک کے موٹے موٹے شیشوں میں سے مجھے جھانک رہا ہے۔ میں نے کہا، "مرزا صاحب! آپ اپنی تصویر سے بالکل نہیں ملتے۔ کل رات کو آپ کو تانگے میں جاتے دیکھا مگر ہم نے آپ کو نہ پہچانا۔ کہاں ٹھہرے؟ بھابی کہاں ہیں؟ میرے گھر کا پتہ تو آپ کو معلوم ہی تھا۔ یہاں سیدھے کیوں نہ چلے آئے؟" بولے، "میں نے بھی تمہیں اسٹیشن پر دیکھا تھا مگر تمہیں جانتا نہ تھا۔ طبیہ کالج میں میری ایک بہن ہیں، ان کے ہاں چلا گیا۔ اب تمہارا گھر دیکھ لیا، شام کو آجاؤں گا بیوی کو لے کر۔" اس کے بعد ان سے رسالوں اور مضمون نگاروں اور مضمونوں کی باتیں ہوتی رہیں۔ اندازہ ہوا کہ مرزا صاحب کی قوتِ گویائی بھی بہت بڑھی ہوئی ہے۔ دوسرے کو ہاں ہوں سے آگے بڑھنے کی زحمت نہیں دیتے۔ مگر باتیں اتنی دلچسپ کہ گھنٹوں سُنو اور جی نہ بھرے۔

شام کو مرزا صاحب حسبِ وعدہ مع بیگم کے آگئے۔ رات کو سب احباب جمع ہوئے اور خوب قہقہے چہچہے رہے۔ رات گئے احباب رخصت ہوئے تو ہم سونے کے لیے لیٹے، مرزا صاحب، میں اور میرے منجھلے بھائی۔ مرزا صاحب بولتے رہے۔ میں سنتا رہا۔ وہ بولتے رہے، میں سو گیا۔ صبح اذانوں کے وقت انہوں نے آپ ہی آپ پھر بولنا شروع

کر دیا۔ دیکھا کہ ہوں ہاں بھی غائب ہے تو میرا شانہ ہلا کر بولے، "ارے بھئی توبتہ النصوح کا پوتا آخر کب تک خواب دیکھتا رہے گا؟" ناچار جاگ کر ان کی باتیں سننے لگا۔ بولے، "سنتے ہو، میں ابھی بیت الخلا گیا تو ایک افسانے کا پلاٹ سمجھ میں آگیا۔ آج جانے سے پہلے تمہیں ہم وہ افسانہ لکھ کر دے جائیں گے۔ لو بس اب اٹھ بیٹھو۔ منہ ہاتھ دھو ڈالو۔"

اتنے میں کہ میں تیار ہوں اور ناشتہ آئے چغتائی صاحب نے آدھا افسانہ لکھ ڈالا۔ ناشتے کے بعد کوئی صاحب ان سے ملنے آگئے۔ میں ٹل گیا۔ کوئی گھنٹہ بھر کے بعد آیا تو ان کے پاس افسانہ مکمل تھا اور وہ میرے منجھلے بھائی سے بیٹھے باتیں کر رہے تھے۔ وہ پولیس کے آدمی، ادب کے جھمیلوں سے اللہ نے انہیں محفوظ رکھا تھا۔ بولے، "لو میاں سنبھالو انہیں۔ خوب آدمی ہیں تمہارے چغتائی صاحب بھی۔ میاں غضب خدا کا ساری رات باتیں کرتے رہے تم دونوں!" وہ جب سوئے تھے تو ہم باتیں کر رہے تھے، جب جاگے تو ہم باتیں کر رہے تھے۔ سمجھے کہ ہم ساری رات ہی باتیں کرتے رہے۔ مرزا صاحب اس لطیفے سے بہت محظوظ ہوئے۔

اس کے بعد انہوں نے اپنے افسانے کی شانِ نزول بتائی کہ "کل جو تم نے مجھے اسٹیشن پر نہیں پہچانا تو خاصی پریشانی ہوئی۔ مگر واقعی میری تصویر مجھ سے نہیں ملتی اور بھئی وہ تصویر کس کام کی جو اصل سے مل جائے؟" یہ افسانہ اپنی تصویر پر لکھا ہے۔ اس کا عنوان ہے، "یہ کس کی تصویر ہے؟" اس کے بعد انہوں نے افسانہ سنایا۔ حیرانی ہوئی کہ قلم برداشتہ ایسا شگفتہ افسانہ! اور اس کے بعد تو میں نے ان کی یہ کیفیت دیکھی کہ باتیں بھی کرتے جا رہے ہیں اور افسانہ بھی لکھ رہے ہیں۔ عدالت میں مقدمہ بھی پیش کر رہے ہیں اور افسانہ بھی لکھا جا رہا ہے اور بعد میں معلوم ہوا کہ اس افسانے کے کچھ ورق تو گھر آگئے اور کچھ ملزم کی مسل میں لگ کر عدالت کے فائل میں چلے گئے۔

ایک دفعہ اپنی وکالت کے زمانے میں مجھے جودھ پور بلایا۔ میں نے لکھا، "اگلے ہفتے آؤں گا۔ کچھ دلّی سے منگانا ہو تو لکھیے۔" خط آیا "اور کچھ لاؤ نہ لاؤ، پائے ضرور لانا۔ مدتیں ہوگئیں کھائے ہوئے۔" دلّی سے جودھپور کوئی چوبیس گھنٹے کا راستہ تھا۔ میں نے سوچا کے پائے لے جاؤں گا، جاڑے کے دن ہیں، خراب نہیں ہوں گے۔" اتفاق سے ایک عزیز جے پور کے آئے ہوئے تھے۔ انہوں نے کہا، "اسٹیشن ہی پر دھر لیے جاؤ گے۔ جے پور، جودھ پور، کسی ہندو ریاست میں گائے نہیں ہوتی۔ اور لینے کے دینے پڑ جائیں گے۔" اس لیے ارادہ ملتوی کر دیا۔ مگر جودھ پور پہنچتے ہی مرزا صاحب نے پہلا سوال یہی کیا، "پائے لائے ہمارے لیے؟" میں نے نہ لانے کی وجہ بتائی تو بولے، "ارے بھئی ہم وکیل ہیں، اگر تم پکڑے جاتے تو ہم تمہیں جرمانہ دے کر چھڑا لاتے، ابھی ہمارے ایک موٗکل کی کار کی ٹکر ایک گوٗماتا سے ہوگئی تھی۔ ان محترمہ کی ٹانگ ٹوٹ گئی۔ عدالت نے بارہ روپے جرمانہ کیا۔" میں نے کہا، "آپ کی وکالت یہاں کچھ چل بھی رہی ہے؟" کہنے لگے، "کیوں نہیں؟ ہمارا رجسٹر دیکھو۔" یہ کہہ کر اپنا رجسٹر نکال کر دکھانے لگے۔ کسی سے پیشگی پانچ، کسی سے دس وصول ہوئے تھے۔ پچاس پچاس ساٹھ ساٹھ باقی میں ڈال رکھے تھے۔ بہت چمک کر بولے، "پچھلے مہینے چالیس روپے کی آمدنی ہوئی، چھ سو بقایا میں ہیں۔" میں نے کہا، "ماشاء اللہ خوب چل رہی ہے۔" بولے، "میاں تم یافت کو دیکھتے ہو، بقایا کو دیکھو۔ ہزاروں پہ نوبت ہے، ہزاروں پر۔" کوئی موکل آگیا تو جودھ پوری منشی کو بُلا کر کہا، "اس سے کہہ دو کہ وکیل صاحب کے پاس کام بہت ہے۔ کل کچہری میں ملے۔ ارے تم دیکھتے نہیں ہمارے دوست دلّی سے آئے ہوئے ہیں، موکل تو اور بھی آجائے گا۔ یہ کب کب ہاتھ آتے ہیں۔" اور پھر مرزا صاحب کی دلچسپ باتیں شروع ہو جاتیں اور باتیں ختم ہونے نہ پاتیں کہ وہ اپنے کسی ناول کا مسودہ سنانا شروع کر دیتے۔ اس زمانے میں انہوں

نے اپنا ناولٹ "ویمپائر" لکھا تھا۔ بولے، "میں پڑھتا ہوں، تم اس کی زبان ٹھیک کرتے جاؤ۔" میں نے کہا، "آپ کی زبان ایسی نہیں ہوتی کہ میں اسے ٹھیک کروں" کہنے لگے، "نہیں، مجھے اپنی کمزوری معلوم ہے۔ میں زبان کا بالکل خیال نہیں رکھتا، بس لکھے چلا جاتا ہوں۔" میں نے کہا، "تو آپ یہ مسودہ مجھے دیجیے، میں اس کی نظر ثانی کر دوں گا۔" کہنے لگے، "اچھا سن تو لو۔ ابھی مکمل کہاں ہوا ہے، پلاٹ آ کر ایک جگہ اَڑ گیا ہے۔ آگے نہیں چلتا۔" پھر دو گھنٹے تک وہ سناتے رہے اور مسودہ ختم ہو گیا۔ پوچھنے لگے، "بتاؤ اب اسے ختم کیسے کریں؟" میں نے کچھ بتایا، ان کی سمجھ میں آ گیا، بہت خوش ہوئے۔ کہنے لگے، "بس بھئی کل کی روانگی ملتوی کرو تو ہم اپنا یہ ناول مکمل کر کے تمہیں دیدیں گے۔ اس قدر لجاحت سے روکتے تھے کہ مجھے شرمندگی ہونے لگتی تھی۔ انہیں نیند بہت کم آتی تھی۔ رات کو بارہ ایک بجے تک جاگتے تھے۔ اس لیے میں صبح سات آٹھ بجے تک اٹھتا تھا۔ پھر دوپہر کو ضرور سوتا تھا۔ غرض میں تو سوتا ہی رہا اور انہوں نے "ویمپائر" مکمل کر دیا اور ایک دو افسانے بھی لکھ کر تھما دیے۔"

چغتائی صاحب کے اور سب عزیزوں کو دیکھ کر کہنا پڑا کہ، "ایں خانہ تمام آفتاب است۔" بڑے بھائی ملے، خوب تندرست و توانا۔ معلوم ہوا کہ آپ بھی تھرڈ کلاس وکیل ہیں۔ نیچے کے چار دانت غائب۔ مرزا صاحب سے چھوٹے بھائی ملے۔ قوی الجثہ، مزاجاً صوفی۔ نیچے کے چار دانت غائب۔ ان سے چھوٹے بھائی بالکل چغتائی صاحب کی شکل کے مگر اچھی صحت۔ "آپ کیا کرتے ہیں؟" فرمایا، "رہتا ہوں"۔ نیچے کے چار دانت غائب۔ سب سے چھوٹے بھائی قد میں سب سے بڑے، ماشاءاللہ دیوزاد، یہ لمبا تڑنگا جوان۔ معلوم ہوا کہ آپ کو دق ہے۔ نیچے کے چار دانت غائب۔ مجھ سے نہ رہا گیا میں نے مرزا صاحب سے پوچھا، "یہ کیا مصیبت ہے کہ سب کے چار چار دانت غائب؟ کہنے لگے، "ایک دانتوں

کے ڈاکٹر نے بتایا تھا کہ انہی چار دانتوں سے پائیوریا ہوتا ہے۔ بس سب نے اکھڑوا ڈالے۔" جب عصمت چغتائی ملیں تو سب سے پہلے میں نے یہی دیکھا کہ کہیں ان کے بھی چار دانت تو غائب نہیں؟ بحمد اللہ ان کے سارے دانت برقرار تھے۔

ایک دفعہ پھر خط لکھا کہ، "ملنے کو بہت جی چاہتا ہے۔ آجاؤ۔ کسی کے نوکر تھوڑی ہو۔ تم آؤ گے تو تم سے ڈس کس کر کے کئی افسانے لکھیں گے۔" میں پہنچا۔ صحت پہلے سے بدتر تھی۔ کھانسی زیادہ تھی۔ میں نے کہا آپ اپنی صحت کی طرف سے غفلت کر رہے ہیں۔ کہنے لگے، "ڈاکٹر کہتے ہیں تمہیں دق ہے۔ میں کہتا ہوں مجھے دِق نہیں، دمہ ہے۔" ان کی ضدی طبیعت نے ڈاکٹروں کی رائے ماننے سے بھی انکار کر دیا تھا۔ من مانی دوائیں کھاتے رہتے تھے۔ گھر والوں میں سے بھی کسی کی نہ سنتے تھے بلکہ جو کچھ کوئی کہتا تو اَدبدا کر اس کے خلاف کرتے اور تکلیف اٹھاتے۔ بھابی بھی ان کی ضد سے پریشان ہوتی تھیں مگر ان کی ایک بھی پیش نہ جاتی تھی۔ بیچاری خاموشی سے سارے گھر کا کام بھی کرتیں، بچوں کی نگرانی اور پرورش بھی اور شوہر کی خدمت بھی۔ اور کیا مجال جو کبھی پیشانی پر شکن تک آجائے۔

دو تین افسانے تو چغتائی صاحب نے میرے لیے پہلے ہی سے لکھ رکھے تھے۔ کئی افسانوں کے انہوں نے پلاٹ سنائے۔ سب اچھے، ایک سے ایک عمدہ۔ ایک مارواڑ کا رومان سُنایا۔۔۔ سوانہ کی روحیں۔۔۔ یہ سب سے زیادہ مجھے پسند آیا۔ کہنے لگے، "تو لاؤ پہلے اسی کو لکھ ڈالیں" اور کاغذ قلم لے کر لکھنا شروع کر دیا۔ میں بیٹھا واقعی مکھیاں مارتا رہا کیونکہ اس سال وہاں ساری دُنیا کی مکھیاں آگئی تھیں۔ ایک گھنٹہ میں انہوں نے کئی صفحے لکھ ڈالے، پھر بولے، "میاں پٹھ کھیل چکے، لو ذرا اب تم قلم لو، میرا ہاتھ تھک گیا۔" میں نے قلم سنبھالا۔ وہ بے تکلف بولتے رہے۔ میں لکھتا رہا۔ دو تین صفحے لکھ کر میں نے کہا،

"بس جی میں تو لکھ چکا۔ مجھے تو نیند آرہی ہے۔ مرغن کھانے کھلاتے ہو تو سونے بھی دو۔" کہنے لگے، "اچھا تو مچھر دانی لگا کر سو رہو۔" عصر کے وقت انہوں نے جگایا، "کیا آج چائے نہیں پیو گے؟" اٹھنا پڑا، بولے، "افسانہ ختم ہو رہا ہے۔ شام تک ختم ہو جائے گا۔" میں تو چائے پی کر کسی کے ساتھ ٹل گیا۔ مرزا صاحب بیٹھے لکھتے رہے۔ چراغ جلے گھر واپس پہنچا تو بڑے خوش خوش بیٹھے ہوئے تھے۔ کہنے لگے، "لو بھئی یہ افسانہ۔" اور کوئی چالیس فل اسکیپ کا پُلندہ میری طرف بڑھا دیا۔ میں نے کہا، "شاباش ہے مرزا صاحب آپ کی ہمت کو۔ بس کل صبح کی گاڑی سے میں چلا جاؤں گا۔" جانے کے نام سے ان کا منہ اتر گیا۔ کہنے لگے، "نہ جانے کیا بات ہے تم آجاتے ہو تو مجھے ایسا معلوم ہوتا ہے کہ میں بیمار نہیں ہوں۔ کل نہ جاؤ، ہم تمہیں دو افسانے اور لکھ دیں گے۔" انہوں نے یہ بات کچھ ایسے اندوہ ناک لہجے میں کہی کہ میرا دل بھر آیا۔ میں نے کہا، "اچھا پرسوں چلا جاؤں گا۔" بچوں کی طرح خوش ہونے لگے۔ مجھے تھوڑی دیر بعد خیال آیا کہ میرے پاس چغتائی صاحب کے تقریباً سو صفحے کے مضامین تو ہو ہی جائیں گے، اگر سو صفحے کے اور ہو جائیں تو "چغتائی نمبر" ہی کیوں نہ چھاپ دیا جائے۔ اتنے بڑے مضمون نگار اور ایسے پیارے دوست کی ایک اچھی یادگار ہی قائم ہو جائے گی۔ میں نے ان سے کہا کہ، "مرزا صاحب! تو پھر آپ یوں کیجیے کہ کل تو آپ مجھے جو کچھ لکھ کر دے سکیں دے دیں، اس کے بعد پندرہ بیس دن میں مجھے چند مضامین اور لکھ دیجیے۔ میں "چغتائی نمبر" چھاپے دیتا ہوں۔" یہ تجویز انہیں پسند آگئی۔ پوچھا، "بِک جائے گا؟" میں نے کہا، "نہ بکنے کی کوئی وجہ نہیں" کہنے لگے، "ایک ہفتے میں تمہیں سب مضامین پہنچ جائیں گے۔" میں نے چند تجویزیں انہیں بتائیں کہ اس اس طرح کے مضامین ضرور لکھیے مثلاً ایک آدھ غمناک افسانہ، دو ایک مکالمے یا ڈرامے اور ایک مضمون یہ کہ "میں مضمون کیسے لکھتا ہوں۔" کہا، "یہ سب ہو جائے گا۔"

اگلے دن دو مضمون تو انہوں نے لکھ کر دے دیے اور بیسیوں پلاٹ سنائے۔ پھر کہنے لگے، "لکھتے لکھتے میرا ہاتھ تھک جاتا ہے۔ اگر کوئی شارٹ ہینڈ میں لکھنے والا مل جائے تو میں کئی ناول بول دوں۔"

اگلے دن صبح سویرے میں اٹھ بیٹھا۔ بستر لپیٹنے کا ارادہ کر رہا تھا کہ مرزا صاحب آگئے۔ افسردگی چہرے سے ظاہر تھی۔ کہنے لگے، "ارے بھئی سُنتے ہو، آج اور ٹھہر جاؤ۔ سارے مضامین ساتھ ہی نہ لیتے جاؤ؟" دل کٹ گیا ان کے اس خلوص کو دیکھ کر۔ میں نے کہا، "اگر آپ کو میرے ٹھہر جانے سے خوشی ہوگی تو میں ضرور ٹھہر جاؤں گا۔ مگر مجھے یہ گوارا نہیں کہ آپ میرے لیے مرتے رہیں۔ پندرہ دن میں تو یہ مضامین لکھے جائیں گے جو میرے پاس ہیں۔ باقی آپ پھر بھیجتے رہیے گا۔" بولے، "ارے بھئی تم نہیں جانتے کہ تمہارے یہاں ہونے سے میری کیا کیفیت ہے۔ سچ کہتا ہوں میں بالکل تندرست ہوگیا ہوں۔ بھوک لگنے لگی، خوراک دُگنی ہوگئی۔ جی چاہتا ہے کہ لکھوں اور لکھتا ہی رہوں۔ میں اس وقت سے ڈر رہا ہوں کہ تم چلے جاؤ گے تو مجھ سے ایک لفظ بھی نہیں لکھا جائے گا اور پھر بیماری مجھے دبوچ لے گی۔" میں نے ان کو بہلانے کے لیے کہا، 'اب تو آپ پہلے سے بہت اچھے ہیں۔ میں دلّی جا کر چند یونانی مرکبات آپ کو بھیجوں گا، ان سے رہی سہی کمزوری بھی جاتی رہے گی۔" مگر وہ پھیکی سی ہنسی ہنس کر رہ گئے اور بولے، "بس تو آج تم نہیں جا رہے؟" میں نے کہا، "نہیں!" جلدی جلدی بھابی سے جا کر کہا، "شاہد صاحب آج نہیں جا رہے۔ آج انہیں جودھ پور کی سیر کرائی جائے گی۔ ذرا تگڑا ناشتہ کرا دو آج۔" ناشتے کے بعد کسی دوست کی کار منگوائی۔ شہر کا ایک چکر اس میں لگایا۔ پھر ایک پرانا قلعہ دکھایا۔ ایک نیا محل تیار ہو رہا تھا، وہ دکھایا۔ ایک عزیز تھے، ان سے ملوایا۔ دوپہر کو گھر آئے، کھانا کھایا۔ باتیں کرتے کرتے میں تو سو گیا اور انہوں نے اتنی دیر میں دو چھوٹے

چھوٹے مضمون لکھ لیے۔ کہنے لگے، "آج رات کو تمہیں گانا بھی سنوایا جائے گا۔" میں نے کہا، "آپ کو تو اس سے نفرت ہے۔" بولے، "تمہیں تو نہیں ہے۔ ایک ہندو پکا گانا گاتا ہے، اسے بلوایا ہے۔" وقت اچھا گزرا۔ صبح ناشتہ پر پھر کچھ روکنے کی تمہید اٹھائی تھی کہ بھابی نے کہا، "کیوں آپ انہیں پریشان کرتے ہیں۔ گھر والے پریشان ہوں گے کہ تین دن کو کہہ کر گئے تھے، آج چھ دن ہو گئے۔" کہنے لگے، "ارے صاحب یہ کسی کے نوکر تو ہیں نہیں کہ ان کی حاضری ہو۔ ہم یہاں سے ان کے گھر تار دیے دیتے ہیں۔ انہیں آخر کس بات کا فکر ہے؟" بھابی شاید کچھ اور کہتیں مگر بیچ میں مرزا صاحب کا چھ سال کا بچہ تجو بول پڑا۔ "اماں یہ دلّی میں کیا کرتے ہیں؟" بھابی نے کہا، "کچھ بھی نہیں۔" بچے نے کہا، "تو پھر یہ کھاتے کہاں سے ہیں؟" ہم سب ہنس پڑے اور وہ بات بھی اڑ گئی۔ چلتے وقت مرزا صاحب نے کہا، "وعدہ کرو کہ پھر جلدی آؤ گے۔" میں نے کہا، "جب آپ یاد فرمائیں گے حاضر ہو جاؤں گا۔"

نواب صاحب جاورہ خبر نہیں کب سے چغتائی صاحب کی قدردانی پر مائل تھے۔ کچھ عرصہ بعد سُنا کہ نواب صاحب نے انہیں جاورہ بلا کر چیف جج بنا دیا۔ مرزا صاحب نے جاورہ بلایا۔ میں وہاں بھی گیا۔ نہایت عالی شان کوٹھی انہیں ملی ہوئی تھی۔ چغتائی صاحب بہت بڑے عہدہ دار تھے اور نواب صاحب کے مزاج پر بھی چڑھے ہوئے تھے۔ مجھ سے کہا کہ، "نواب صاحب سے کب ملو گے؟" میں نے کہا، "میں اتنے بڑے آدمیوں سے نہیں ملتا جن سے مل کر مجھے ذلت محسوس ہو۔" مرزا صاحب نے کہا، "ارے بھئی تمہارے دادا کے تو بڑے قدردان ہیں یہ نواب۔ میں نے یہاں لوگوں سے سنا ہے کہ نواب صاحب ایک دفعہ ایسے بیمار پڑے کہ ان کے جینے کی آس نہ رہی۔ انہوں نے خواب میں دیکھا کہ کوئی بزرگ کہہ رہے ہیں" مولوی نذیر احمد کا ترجمۂ قرآن شائع کرو۔

تم اچھے ہو جاؤ گے۔ انہوں نے تمہارے والد سے اجازت منگوائی اور دو جلدوں میں صرف ترجمہ اپنے چھاپہ خانہ سے شائع کیا اور واقعی اچھے ہو گئے۔ تو وہ تم سے مل کر بہت خوش ہوں گے۔ میں نے کہا، "اور کچھ خیرات بھی مجھے دیں گے۔" مرزا صاحب نے کہا، "تو پھر کیا ہوا؟" میں نے کہا، "مجھے معاف فرمایئے، میں تو صرف آپ سے ملنے آیا ہوں۔ میرے تو نواب یا بادشاہ جو کچھ ہیں آپ ہیں۔" مگر مرزا صاحب نے میری اس بات کو کچھ پسند نہیں کیا اور دل میں شاید کچھ ناراض بھی ہوئے۔

جاورہ میں مرزا صاحب کی صحت اور بھی زیادہ خراب رہنے لگی۔ وہاں کی مرطوب آب و ہوا سے ان کی سانس کی شکایت اور بڑھ گئی اور صحت گرتی ہی چلی گئی۔ شاید مشکل سے دو سال جاورہ میں رہے ہوں گے، ڈاکٹروں نے مشورہ دیا کہ آپ جودھ پور واپس چلے جایئے ورنہ آپ یہاں بہت جلد مر جائیں گے۔ مرزا صاحب بیماری کا عُذر کر کے جودھ پور چلے آئے اور یہاں سے استعفیٰ بھیج دیا۔ وکالت کا کام پھر شروع کیا مگر بدن میں جان نہ ہونے کی وجہ سے وکالت ٹھس ہی رہی۔ اس لیے اپنی کتابیں چھاپنے کا کام خود شروع کر دیا تھا۔

اب سے کوئی پچاس سال پہلے مولوی نذیر احمد صاحب نے ایک کتاب "امہات الامہ" لکھی تھی۔ یہ کتاب ایک دریدہ دہن پادری کی کتاب کے جواب میں لکھی گئی تھی۔ اس نے آنحضرت صلعم پر بعض بڑے بیہودہ اعتراضات کیے تھے جن میں خاص طور پر ازدواجِ مطہرات کے سلسلے میں ناگفتہ بہ باتیں کہی تھیں۔ اس کتاب کا ایک جواب سرسید احمد خاں نے لکھا تھا اور ایک مولوی نذیر احمد نے۔ یوں تو یہ کتاب شروع سے آخر تک ایک علمی اور تاریخی کتاب ہے اور اپنے مواد کے لحاظ سے نہایت قابل قدر بھی۔ لیکن مولوی صاحب نے احترام کے الفاظ کسی نام کے ساتھ اس میں نہیں لگائے ہیں اور بعض

جگہ فقرے بھی ایسے لکھ گئے ہیں جو زبان کے اعتبار سے چاہے کتنی ہی ٹکسالی کیوں نہ ہوں، رسول مقبول و اہل بیت کے ادب و احترام کے لحاظ سے قابل اعتراض سمجھے گئے۔ مولوی صاحب اس پیرائیہ بیان کا جواز یوں پیش کرتے تھے کہ چونکہ ایک عیسائی پادری اس کتاب کا مخاطب ہے، اس سے ان کی ضرورت نہیں سمجھی گئی۔ یہ توضیح صحیح ہو یا غلط یہاں اس سے بحث نہیں۔ ہوا یہ کہ ہمارے علماء نے اس کتاب کو سوختنی اور مولوی ساحب کو کافر قرار دیا۔ مسلمانوں کے ایک بڑے ذمہ دار لیڈر نے رفعِ شر کے لیے اس کتاب کے سارے نسخے مولوی صاحب سے اپنی تحویل میں لے لیے اور مولوی صاحب کی بغیر اجازت انہیں علماء کے جلسے میں لے جا کر جلوا دیا۔ قصہ مختصر اس ناگوار واقعہ کے بعد مولوی صاحب تین چار سال زندہ رہے مگر انہوں نے ایک لفظ بھی نہیں لکھا۔ شامتِ اعمال اس کتاب کا نسخہ کہیں سے میرے ہاتھ لگ گیا اور میں نے یہ سوچ کر کہ ایک اچھی کتاب سے مسلمان کیوں محروم رہیں، اسے جوں کا توں چھاپ دیا۔ اس کا چھپنا تھا کہ پھر ہمارے علماء نے اس کے خلاف تحریک شروع کر دی۔ حکومت پر زور ڈالا کہ کتاب ضبط کر لی جائے۔ حکومت کو بھلا کیا غرض پڑی تھی کہ خواہ مخواہ اس جھگڑے میں پڑے؟ جب ادھر سے کامیابی نہ ہوئی تو مجھ پر بزرگوں سے دباؤ ڈلوایا گیا۔ یہ بھی ناکام رہا تو قتل کی دھمکیاں دی گئیں۔ اور ہر شہر میں اور دلّی میں اس کے خلاف جلسے ہونے لگے۔ چغتائی صاحب نے مجھے جودھ پور سے لکھا کہ ساری کتاب مجھے بھیج دو اور اعلان کر دو کہ کتاب میرے پاس ہے جس میں ہمت ہو مجھ سے لے لے۔ میں نے انہیں دو سو جلدیں بھیج دیں کہ محفوظ ہو جائیں اور کتاب کی اشاعت روک دینے کا اعلان کر دیا۔ مسلمانوں نے مجھے نہ صرف معاف کر دیا بلکہ خوش بھی ہوئے کہ چلو غلطی انسان ہی سے ہوتی ہے۔ یہ کیا کم ہے کہ کتاب کی اشاعت بند کر کے اس نے اپنا مالی نقصان کر لیا۔ ادھر مرزا صاحب کی ضدی

طبیعت نے زور مارا اور انہوں نے ایک مراسلہ "انقلاب" لاہور میں چھپوا دیا کہ "امہات الاّمہ" شاہد احمد کے پاس اب نہیں ہے، میرے پاس ہے۔ جس میں ہمت ہو مجھ سے لے لے، بلکہ مسلمانوں کو چاہیے کہ مجھے کاٹ کر میرا پلاؤ پکائیں اور مُلاّؤں کو کھلا دیں۔ اس کے چھپتے ہی بس آگ ہی تو لگ گئی۔ پندرہ دن بعد مرزا صاحب کے خط سے معلوم ہوا کہ جودھ پور کے مسلمانوں نے ان کے گھر کو گھیر لیا اور زبردستی ان سے ساری کتابیں لے گئے۔ اس کے بعد وہ ایک دن کچہری جا رہے تھے تو دو چار بدمعاشوں نے ان پر لاٹھیوں سے حملہ کیا اور ان کے ایک ہاتھ میں سخت ضرب آئی۔ مرزا صاحب نے لکھا، "بھائی بڑی رُسوائی ہوئی، نوبت یہاں تک پہنچی کہ یا تو مسلمانوں کے جلسہ عام میں توبہ کرو اور اقرار اسلام کرو ورنہ تم کافر ہو اور قتل کر دیے جاؤ گے۔ سارے شہر میں آگ پھیلی ہوئی تھی۔ لاکھ میں سب سے کہتا ہوں کہ کتاب میں نے نہیں لکھی، دلّی والے نذیر احمد نے لکھی تھی مگر سب یہی کہتے کہ نہیں تم نے لکھی ہے اور اس میں تم نے سب کو گالیاں دی ہیں۔ چنانچہ مصلحت اسی میں سمجھی کہ اپنے آپ کو یہاں کے علماء کے حوالے کر دوں۔ علماء مجھے ایک بڑے جلسے میں لے گئے۔ مجھ سے سب کے سامنے توبہ کرائی۔ مجھے کلمہ پڑھوایا اور دوبارہ مجھے مشرف بہ اسلام کیا۔ تب کہیں جان بچی۔ خیر مجھے اس تکلیف اور رُسوائی کا بھی اتنا افسوس نہیں، مگر بے حد رنج ہوا اور شرم آئی یہ دیکھ کر کہ وہ دو سو جلدیں جو تم نے مجھے بھیجی تھیں وہ مجھ سے مولوی زبردستی چھین لائے تھے، اس جلسے میں جلائی گئیں۔ افسوس کہ پچیس تیس سال میں مسلمانوں نے کوئی ذہنی ترقی نہیں کی۔"

ایک دفعہ مرزا صاحب کا سخت اصرار ہوا کہ خود بھی آؤ اور بھابی کو بھی لے آؤ۔ تعمیل ارشاد کی گئی۔ اب کے جو انہیں دیکھا تو بڑا دکھ ہوا۔ ان کے پاؤں رہ گئے تھے اور چلنے پھرنے سے معذور ہو گئے تھے۔ بخار ہر وقت رہتا تھا۔ کھانسی بہت بڑھی ہوئی تھی۔

سوکھ کر قاق ہو گئے تھے۔ مگر دماغ اسی طرح روشن اور مزاج اسی طرح بشاش تھا۔ خوش تو ہمیشہ ہی ہوتے تھے۔ اب کے بہت خوش ہوئے۔ بولے، "دیکھو! ابھی تم آئے ہو اور ابھی ہماری بیماری جاتی رہی۔" مزے مزے کی باتیں کرتے رہے۔ ہنستے رہے، ہنساتے رہے۔ ایک ناول "شراب" لکھنا شروع کیا تھا مگر چند باب ہی لکھ سکے تھے۔ اس کے کچھ حصے سنائے اور چھاپنے کے لیے مجھے دیے۔ رات کو جب دستر خوان بچھا تو کھسک کر ساتھ بیٹھ گئے۔ بھابی وہیں سے چیخیں کہ آپ کچھ نہ کھالیجیے گا۔ کہنے لگے، "کھائیں گے ہم ضرور۔ اب ہم بالکل اچھے ہیں، کوئی بیمار تھوڑی ہیں۔" مجھ سے کہتے جاتے تھے، "ارے بھئی یہ ہمیں بھی دو۔" بھابی جھلاتی تھیں مگر وہ اپنا کام کئے جاتے تھے۔ کھایا تو خیر ان سے کیا جاتا، تھوڑا تھوڑا سا سب چکھ لیا۔ بارہ ایک بجے تک باتیں کرتے رہے۔ صبح جب مرزا صاحب کو دیکھا تو ان کی حالت غیر تھی۔ معلوم ہوا کہ سخت بد ہضمی ہوئی۔ رات بھر اوکتے اور ڈالتے رہے۔ پلیتھن نکل گیا۔ اتنے کمزور ہو گئے تھے کہ آواز بھی نہ نکلتی تھی۔ دو دن میں طبیعت کچھ سنبھل گئی تھی۔ ہم بازار سے گھوم پھر کر آئے تو تکیے کے سہارے پلنگ پر بیٹھے ہوئے تھے۔ بولے، "لو یہ افسانہ تمہارے لیے لکھا ہے۔" پڑھ کر سنایا۔ عنوان تھا "برتھ کنٹرول۔" میں ہنس رہا تھا، مرزا صاحب بھی ہنستے جاتے تھے۔ مجھے کیا خبر تھی کہ یہ ان کا آخری افسانہ ہے، اور میرے لیے ان کی یہ ہنسی بھی آخری! اگلے دن ہمیں دلّی واپس جانا تھا۔ رات کو باتیں کرتے کرتے میری بیوی سے بولے، "آپ کا آنا ایسے وقت میں ہوا کہ میرے پاس کچھ نہیں ہے۔" پھر ایک اپنا چھپا ہوا لیٹر فارم نکالا اور اس پر کچھ لکھ کر انہیں دیا کہ "اسے قبول کر لیجیے۔" انہوں نے پڑھ کر میری طرف بڑھا دیا۔ مرزا صاحب نے کتاب "کولتار" کا حقِ تصنیف ان کے نام منتقل کر دیا تھا۔ میں نے کہا، "یہ نہیں ہو سکتا۔ یہ آپ کے بچوں کی حق تلفی ہے۔" کہنے لگے، "تم خاموش رہو

جی۔ تمہیں تھوڑی دے رہے ہیں۔" نہیں مانے اور زبردستی وہ کاغذ میری بیوی کے ہاتھ میں رکھ دیا۔

مرزا صاحب کی صحت گرتی ہی چلی گئی۔ ان کے خطوط سے ان کا حال معلوم ہوتا رہتا تھا۔ اس کے بعد ایسے خط آنے شروع ہوئے جو ان کے اپنے ہاتھ کے لکھے ہوئے نہیں ہوتے تھے۔ پھر ایک دن ان کا خط ملا کہ "آخری بار آکر مل جاؤ۔ کچھ روپے لیتے آنا۔" میں نے روانگی کا تار دیا اور رات ہی کی گاڑی سے چل پڑا۔ اسٹیشن پر ان کے چھوٹے بھائی آئے تھے۔ میں نے پوچھا، "چغتائی صاحب کا کیا حال ہے؟" بولے، "وہی ہے!" سمجھ میں نہ آیا کہ وہی ہے کا کیا مطلب ہے۔ گھر پہنچے تو دیکھا کہ ان کے حصے کے کمروں میں سنّاٹا! نہ بھابی نہ بچے۔ ایک کمرے میں پلنگ پر لحاف اوڑھے چغتائی صاحب پڑے تھے۔ پاس کوئی نہ تھا۔ میں نے آواز دی اور سلام کیا تو منہ پر سے لحاف ہٹایا۔ مجھ پر بجلی گر پڑی۔ مرزا صاحب کے بدلے ایک سِکھ دکھائی دیا۔ کِرْبِرْی داڑھی مونچھیں اور بڑھے ہوئے سر کے بالوں پر ایک رومال بندھا ہوا۔ پیلا چہرہ، پھٹی پھٹی آنکھیں۔ لحاف ہلا تو اس میں سے بدبو کا ایک بھبکا آیا۔ پایوں کے نیچے پانی کے پیالے رکھے ہوئے تھے مگر پلنگ پر ٹانکے کے چیونٹے پھر رہے تھے۔ میں رونے لگا۔ وہ بھی آب دیدہ ہوگئے۔ میں نے کہا، "یہ کیا حالت ہوگئی؟" بولے، "بس اب ختم سمجھو۔" پھر ایک دم سے مسکرائے اور کراہتے ہوئے بولے، "ارے ارے آپ کو دیکھیے۔" اور لحاف میں سے ایک چیونٹا چٹکی میں پکڑ کر نیچے پھینکا۔ "مرنے سے پہلے ہی اپنا حصہ لینے چلے آئے۔" اتنے میں اندر کے رُخ کا ایک دروازہ کھلا اور ان کی والدہ اندر آئیں۔ بولیں، "منّے کسی چیز کی ضرورت تو نہیں ہے؟" مرزا صاحب نے کہا، "یہ شاہد صاحب آئے ہیں، انہیں پہلے چائے پلوائیے۔" اماں چلی گئیں تو ان کی باتوں سے معلوم ہوا کہ اب صرف امّاں ہی ان کا خیال رکھتی ہیں۔

ماشاء اللہ بھرا پُرا گھر تھا مگر کوئی ان کے پاس نہ آتا تھا۔ میں نے کہا، "بھابی اور بچے کہاں ہیں؟" بولے، "رام پور!" میں نے کہا، "وہ کیوں؟" کہنے لگے، "بیوی کو میری خدمت کرتے کرتے خود دق ہو گئی۔ میں نے ان سے بارہا کہا کہ تم یہاں سے چلی جاؤ ورنہ تم بھی مر جاؤ گی۔ مگر وہ نہ مانیں۔ جب میں نے دیکھا کہ میں تو مر ہی رہا ہوں اور اگر یہ نہ چلی گئیں تو یہ بھی مر جائیں گی، تو میں نے ان سے کہا، اگر تم یوں نہیں جاؤ گی تو ہم تمہیں طلاق دے دیں گے۔ وہ پھر بھی نہ گئیں۔ میں نے ان سے کہہ دیا کہ آپ کو ہم نے طلاق دے دی، آپ یہاں سے تشریف لے جایئے۔ تو انہوں نے کہا آپ کے طلاق دینے سے کیا ہوتا ہے۔ ہم نے تو طلاق نہیں لی۔ ہم یہاں سے نہیں جائیں گے۔ آخر میں نے تنگ آکر ان کے میکے والوں کو خط لکھا کہ اپنی لڑکی کو آکر لے جاؤ، میں نے اسے طلاق دے دی ہے۔ خط کے پہنچتے ہی ان کا بھائی آدھمکا اور زبردستی اپنی بہن کو یہاں سے لے گیا۔" میں نے کہا، "یہ آپ نے اچھا نہ کیا، ساری عمر کی خدمت کا آپ نے یہ صلہ دیا انہیں۔" کہنے لگے، "بھائی اگر وہ یہاں رہتیں تو واقعی مر جاتیں۔ ان کے بچانے کی اور کوئی صورت ہی نہیں تھی، اور ہاں سُنو! اصل میں طلاق ہوئی نہیں ہے مگر ان کے گھر والوں کو میں جانتا تھا کہ ایک خط میں ہی آکر لے جائیں گے۔ بیوی نے بہت کہا بھی یہ طلاق نہیں ہے مگر ان کے بھائی نے کہا، "جب انہوں نے ہمیں لکھ کر ہی بھیج دیا تو اگر نہیں ہوئی تب بھی ہو گئی۔"

اس کے بعد ان کی امّاں اور بھائیوں اور عصمت چغتائی سے باتیں کرنے پر معلوم ہوا کہ بیماری نے مرزا صاحب کے دماغ پر عجب طرح کا اثر ڈالا ہے کہ انہیں دوسروں کو تکلیف پہنچا کر لُطف آتا ہے۔ مثلاً بھائیوں بھائیوں کو لڑا دیں گے۔ کسی پر چوری کا الزام لگا دیں گے۔ طبیعت سے گھڑ کر کوئی ایسی بات کریں گے کہ دو آدمی اُلجھ جائیں۔ ہم سب

نے تنگ آکر ان کی طرف جانا ہی چھوڑ دیا۔ بس ماں کی ہی مامتا ہے جو برداشت کر رہی ہے۔ میں نے کہا، "مگر اب تو ان کا آخری وقت ہے۔ کتنے دن جیئیں گے بچارے۔" مگر سارے بھائی بہن یہی کہتے تھے کہ "یہ نہیں مریں گے۔ کتنی ہی دفعہ ہو چکا ہے کہ منے بھائی مر رہے ہیں، منے بھائی مر رہے ہیں۔ سب بھاگے بھاگے گئے۔ اور وہ نہ مرے نہ درے۔ پھر اچھے خاصے ہو گئے۔" اس گھر میں تین دن رہنا مجھے اجیرن ہو گیا۔ عجیب بے کسی کی زندگی تھی۔ گرم گرم بخار چڑھتے، پنڈا جھلستا رہتا۔ ہڈیاں تک سوکھ گئی تھیں۔ کھانسی کے مارے سینے میں سانس نہ سماتا تھا۔ پاؤں بالکل بے کار ہو چکے تھے۔ مگر دماغ روشن تھا۔ کوئی تیمار دار نہیں۔ پیسہ کوڑی پاس نہیں۔ نہ جانے کس وقت دم نکل جائے۔ گھر والے تو مطمئن ہیں کہ یہ مرنے ہی کے نہیں! میں نے جی میں کہا، "اللہ تیری شان ہے۔ یہ وہ شخص ہے جس نے دنیا کو ہنسایا اور مرنے کے بعد بھی ہنساتا رہے گا۔ اور اِس عذاب میں مبتلا! تو ہی اپنی مصلحتوں کو خوب جانتا ہے۔" جب میں ان سے رخصت ہونے لگا تو ہاتھ بڑھایا اور میرا ہاتھ اپنے ہاتھ میں لے لیا۔ میں رو رہا تھا۔ وہ بھی رو رہے تھے۔ میں نے کہا، "یہ روپے رکھ لیجیے۔" پوچھنے لگے، "کتنے ہیں؟" میں نے کہا "دو سو ہیں۔ اگر زیادہ کی ضرورت ہو تو میں دلّی پہنچ کر اور بھیج دوں گا۔" بولے "بہت ہیں۔ تکیے کے نیچے رکھ دو۔" خدا حافظ کہہ کر میں آنسو پونچھتا باہر نکل آیا۔ پھر ان کی صورت دیکھنی نصیب نہیں ہوئی۔ شاید دو ہفتے گزرے ہوں گے کہ ان کے انتقال کی خبر ملی۔ میں نے کہا، "لو بھئی وہ مر گیا جو مرتا نہ تھا۔ اناللہ وانا الیہ راجعون۔"

***

۶

منٹو

دبلا ڈیل، سوکھے سوکھے ہاتھ پاؤں، میانہ قد، چمپئی رنگ، بے قرار آنکھوں پر سنہرے فریم کی عینک، کریم کلر کا سوٹ، سرخ چہچہاتی ٹائی، ایک دھان پان سا نوجوان مجھ سے ملنے آیا۔

یہ کوئی چوبیس پچیس سال ادھر کا ذکر ہے۔ بڑا بے تکلف، تیز، طرار، چرب زبان۔ بولا:

"میں منٹو ہوں سعادت حسن۔ آپ نے "ہمایوں" کا روسی ادب نمبر دیکھا ہو گا۔ اب میں "ساقی" کا فرانسیسی ادب نمبر نکالنا چاہتا ہوں۔"

پہلی ہی ملاقات میں اس کی یہ ضرورت سے بڑھی ہوئی بے تکلفی طبیعت کو کچھ ناگوار گزری۔ میں نے اس کا پانی اتارنے کے لیے پوچھا: "آپ کو فرانسیسی آتی ہے؟"

بولا: "نہیں!"

میں نے کہا "تو پھر آپ کیا کر سکیں گے۔"

منٹو نے کہا، "انگریزی سے ترجمہ کر کے میں آپ کا یہ خاص نمبر ایڈٹ کروں گا۔"

میں نے کہا: "اپنا پرچہ تو میں خود ہی ایڈٹ کرتا ہوں۔ پھر "ساقی" کے چار خاص نمبر مقرر ہیں۔ ان کے علاوہ اور کوئی نمبر فی الحال شائع نہیں ہو سکتا۔"

منٹو نے دال گلتی نہ دیکھی تو فوراً اس موضوع ہی کو ٹال گیا اور رخصت ہونے سے پہلے مجھ پر واضح کر گیا کہ اگر کسی مضمون کی ضرورت ہو تو معاوضہ بھیج کر اس سے منگایا جا سکتا ہے۔

اس زمانے میں منٹو ترجمے ہی کیا کرتا تھا۔ اس کی کتاب "سرگزشت اسیر" چھپ کر آئی تھی۔ منٹو سے کبھی کبھی خط و کتابت ہوتی رہی اور اسکے چند مضامین "ساقی" میں چھپے بھی۔ مگر قلبی تعلقات اس سے قائم نہ ہو سکے۔ مجھے یہی گمان رہا کہ یہ شخص بہت بہکا ہوا ہے۔ شیخی خور اور چھچھورا سا آدمی ہے۔ اس میں "میں" سما گئی ہے۔ زمانے کی چھری تلے آئے گا تو سب ٹھیک ہو جائے گا۔

معلوم ہوا کہ بڑا کٹر کمیونسٹ ہے اور مسلم یونیورسٹی سے اسے یہ کہہ کر نکال دیا گیا ہے کہ اس کو دق ہے۔ علی گڑھ سے نکالے جانے کے بعد وہ اپنے گھر امرت سر چلا گیا۔ گھر والے بھی اس کے باغیانہ خیالات سے نالاں تھے۔ اس لیے ان سے بھی بگاڑ ہو گیا تھا۔ امرت سر میں اپنے چند ہم خیال دوستوں کے ساتھ اس نے اپنی سرگرمیاں جاری رکھیں۔ ان کے لیڈر کمپنی کی حکومت والے باری (علیگ) تھے۔ مگر یہ سب لوگ تو کچھ دبے دبے سے رہے۔ اس لیے حکومت کی قید و بند سے بچے رہے۔ پھر باری رنگون چلے گئے۔ اور منٹو بمبئی جا کر اخبار "مصور" میں نوکر ہو گیا۔

کئی سال گزر گئے۔ منٹو سے ایک آدھ ملاقات اور ہوئی۔ مگر دل کی جواری ان سے اب بھی نہ کھلی۔ جیسا اور بہت سے مضمون نگاروں سے تعلق تھا ان سے بھی رہا یہاں تک کہ پچھلی بڑی جنگ کے زمانے میں وہ دلی ریڈیو میں آ گئے۔ اور اب جو ان سے پہلی ملاقات ہوئی تو انہوں نے چھوٹتے ہی کہا:

"اب میں آپ سے معاوضہ نہیں لوں گا۔"

میں نے پوچھا، کیوں؟

بولے، معاوضہ میں اس لیے لیتا تھا کہ مجھے پیسوں کی ضرورت رہتی تھی۔

دلی، ریڈیو اسٹیشن پر جنگ کے زمانے میں ادیبوں اور شاعروں کا بڑا اچھا جمگھٹا ہو گیا تھا۔ احمد شاہ بخاری (پطرس) کنٹرولر تھے، خبروں کے شعبے میں چراغ حسن حسرت اور ڈاکٹر اختر حسین رائے پوری، پروگرام کے شعبے میں ن-م-راشد۔ انصار ناصری، محمود نظامی اور کرشن چندر۔ ہندی کے مسودہ نویس اوپیندر ناتھ اشک اور اردو کے منٹو اور میر اجی تھے۔ اس زمانے میں منٹو کو بہت قریب سے دیکھنے کا مجھے موقع ملا۔

منٹو نے کچھ روپے جمع کر کے دو ٹائپ رائٹر خرید لیے، ایک انگریزی کا اور ایک اردو کا۔ اردو کا ٹائپ رائٹر وہ اپنے ساتھ ریڈیو اسٹیشن روزانہ لاتے تھے۔ منٹو کے ذمہ جتنا کام تھا اس سے وہ کہیں زیادہ کرنے کے خواہش مند رہتے تھے۔ روزانہ دو تین ڈرامے اور فیچر لکھ دیتے۔ لکھنا تو انہوں نے بالکل چھوڑ ہی دیا تھا۔ کاغذ ٹائپ رائٹر پر چڑھایا اور کھٹا کھٹ ٹائپ کرتے چلے جاتے۔ فیچر لکھنا اس زمانے میں بڑا کمال سمجھا جاتا تھا، مگر منٹو کے لیے یہ بائیں ہاتھ کا کھیل تھا۔

ذرا سی دیر میں فیچر ٹائپ کر کے بڑی حقارت سے پھینک دیا جاتا کہ۔۔۔

"لو، یہ رہا تمہارا فیچر!"

منٹو کی اس تیز رفتاری پر سب حیران ہوتے تھے۔ چیز بھی ایسی نپی تلی ہوتی کہ کہیں انگلی دھرنے کی اس میں گنجائش نہ ہوتی۔

دلی آنے کے بعد منٹو کی افسانہ نگاری کا دور جدید شروع ہوا۔ انہوں نے طبع زاد افسانے ایک اچھوتے انداز میں لکھنے شروع کیے۔ "ساقی" کے لیے ہر مہینے ایک افسانہ بغیر مانگے مل جاتا۔ "دھواں" اس ریلے میں لکھا گیا اور اس کی اشاعت پر دلّی کے پریس

ایڈوائزر نے مجھے اپنے دفتر بلوایا۔ وہ پڑھا لکھا اور بھلا آدمی تھا۔ انگریزی ادبیات میں میرا ہم جماعت بھی رہ چکا تھا۔ بولا "بھائی، ذرا احتیاط رکھو۔ زمانہ برا ہے۔" بات آئی گئی ہوئی۔ میں نے منٹو سے اس کا ذکر کیا۔ حسبِ عادت بہت بگڑا مگر ساقی کے باب میں کچھ احتیاط برتنے لگا۔

لیکن یہ ناسور دلی میں بند ہوا تو لاہور میں پھوٹا اور "بو" پر حکومت پنجاب نے منٹو کو دھر لیا۔ صفائی کے گواہوں میں منٹو نے مجھے بھی دلی سے بلوالیا تھا۔ عدالت ماتحت تو قائل نہ ہو سکی۔ لیکن اپیل میں غالباً منٹو بری ہو گئے تھے۔ اس کے بعد رہا سہا خوف بھی منٹو کے دل سے نکل گیا اور انہوں نے دھڑلے سے "فحش" مضامین لکھنے شروع کر دیے۔ حکومت پنجاب کے پریس ایڈوائزر چودھری محمد حسین ایک عجیب و غریب بزرگ تھے۔ تھے تو علامہ اقبال کے حاشیہ نشینوں میں سے۔ مگر انہیں یہ زعم تھا کہ اقبال کو اقبال میں نے بنایا ہے۔

یہ صاحب ہاتھ دھو کر منٹو کے پیچھے پڑ گئے اور یکے بعد دیگرے انہوں نے منٹو پر کئی مقدمات قائم کرادیے۔ پھر ان کا نشۂ اقتدار اتنا بڑھ گیا کہ انہوں نے مضمون نگاروں کے ساتھ ناشروں اور کتب فروشوں کو بھی لپیٹنا شروع کر دیا۔ مقدمات کے سلسلے میں منٹو کو بمبئی سے لاہور آنا پڑتا تھا۔ ادھر ہم بھی دلی سے ملزموں کی برات لے کر پہنچے تھے۔ چند روز لاہور کے ادبی حلقوں میں خاصی چہل پہل رہتی۔ شاید ایک آدھ ہی افسانے میں جرمانہ قائم رہا، ورنہ اپیل میں سب بری ہوتے رہے اور چودھری صاحب کلستے رہے۔

منٹو نے اپنے مقدمات کی روداد کسی کتاب کے دیباچے میں لکھی ہے اور اس کتاب کو چودھری صاحب کے نام سے معنون کیا ہے۔

منٹو کی باتیں بڑی دلچسپ ہوتی تھیں۔ انہیں ہمیشہ یہ احساس رہتا تھا کہ میں ہی

سب سے اچھا لکھنے والا ہوں، اس لیے وہ اپنے آگے کسی کو گردانتے نہ تھے۔ ذرا کسی نے دون کی لی اور منٹو نے اڑنگا لگایا۔ خرابیٔ صحت کی وجہ سے منٹو کی طبیعت کچھ چڑچڑی ہو گئی تھی۔ مزاج میں سہار بالکل نہیں رہی تھی۔ بات بات پر اڑنے اور لڑنے لگتے تھے۔ جو لوگ ان کے مزاج کو سمجھ گئے تھے وہ ان سے بات کرنے میں احتیاط برتا کرتے تھے۔ ان کا مرض بقول ان کے کسی ڈاکٹر سے تشخیص نہ ہو سکا۔ کوئی کہتا دق ہے۔ کوئی کہتا معدے کی خرابی ہے، کوئی کہتا جگر کا فعل کم ہو گیا ہے۔ اور ایک ستم ظریف نے کہا کہ تمہارا پیٹ چھوٹا ہے اور انتڑیاں بڑی ہیں۔ مگر منٹو ان سب بیماریوں سے بے پروا ہو کر ساری بدپرہیزیاں کرتا رہا۔

منٹو کی زبان پر "فراڈ" کا لفظ بہت چڑھا ہوا تھا۔ میرا جی کے ہاتھ میں دو لوہے کے گولے رہتے تھے، میں نے ان سے پوچھا، ان کا مصرف کیا ہے؟ منٹو نے کہا، "فراڈ" ہے۔ میرا جی نے سیویوں کے مزعفر میں سالن ڈال کر کھانا شروع کر دیا۔ میں نے کہا، یہ آپ کیا کر رہے ہیں؟ منٹو نے کہا "فراڈ"۔ اوپندر ناتھ اشک نے کوئی چیز لکھی، منٹو نے کہا فراڈ ہے۔ اس نے کچھ چیں چیں کی تو کہا "تو خود ایک فراڈ ہے۔"

یادش بخیر! ایک صاحب تھے دیوندر ستیار تھی۔ تھے کیا، اب بھی ہیں اور اردو اور ہندی کے بہت بڑے ادیب ہیں۔ لوک گیتوں پر انگریزی میں بھی ایک کتاب چھپوا چکے ہیں۔ اسی زمانے میں وہ دلی آئے تو انہیں بھی افسانہ نگاری کا شوق چرایا۔ خاصے جہاں دیدہ آدمی تھے مگر باتیں بڑی بھولی بھولی کرتے تھے۔ بھاری بھر کم۔ قد آور آدمی، چہرے پر بہت زبردست داڑھی۔ دراصل انہوں نے اپنی وضع قطع ٹیگور سے ملانے کی کوشش کی تھی۔ ٹیگور کے ساتھ انہوں نے ایک تصویر بھی کھنچوائی تھی جس کے نیچے لکھا ہوا تھا "گرو اور چیلا"۔ ایک طرف سفید بگلا استاد اور دوسری طرف کالا بھجنگ شاگرد۔

ہاں تو ستیار تھی صاحب نے افسانے لکھنے اور سنانے شروع کیے۔ ابتدا میں تو سب نے لحاظ مروّت میں چند افسانے سنے پھر کنّی کاٹنے لگے، پھر انہیں دور ہی سے دیکھ کر بھاگنے لگے۔ مگر منٹو بھاگنے والے آدمی نہیں تھے۔ منٹو نے ایک آدھ افسانہ تو سنا۔ اس کے بعد ستیار تھی صاحب کو گالیوں پر دھر لیا۔ منٹو نے برملا کہنا شروع کر دیا:

"تو بہت بڑا فراڈ ہے۔ تیری ڈاڑھی ڈاڑھی نہیں ہے، پروپیگنڈہ ہے۔ تو افسانے ہم سے ٹھیک کراتا ہے اور جا کر اپنے نام سے چھپوالیتا ہے۔"

اور اس کے بعد مغلظات سنانا شروع کر دیں۔ مگر صاحب، مجال ہے کہ ستیار تھی کی تیوری پر بل بھی آیا ہو! اسی طرح مسکراتے اور بھولی بھالی باتیں کرتے رہے۔ میں کہتا تھا کہ اس شخص میں ولیوں کی سی صفات ہیں۔

منٹو کہتا تھا۔ "یہ راسپوٹین ہے، ابلیس ہے!"

دراصل منٹو کو بناوٹ سے چڑ تھی۔ خود منٹو کا ظاہر و باطن ایک تھا۔ اس لے لگی لپٹی نہ رکھتا تھا۔ جو کچھ کہنا ہوتا صاف کہہ دیتا، بلکہ منٹو بدتمیزی کی حد تک منہ پھٹ تھا۔

ایک دفعہ احمد شاہ بخاری نے بڑے سرپرستانہ انداز میں کہا۔ "دیکھو منٹو میں تمہیں اپنے بیٹے کے برابر سمجھتا ہوں۔"

منٹو نے جھلا کر کہا: "میں آپ کو اپنا باپ نہیں سمجھتا!"

مزہ تو اس وقت آیا جب چراغ حسن حسرت سے منٹو کی ٹکر ہوئی۔ واقعہ دلی ریڈیو کا ہے جہاں اتفاق سے سبھی موجود تھے اور چائے کا دَور چل رہا تھا۔ حسرت اپنی علمیت کا رعب سب پر گانٹھتے تھے۔ ذکر تھا سومرسٹ ماہم کا جو منٹو کا محبوب افسانہ نگار تھا اور مولانا جھٹ بات کاٹ کر اپنی عربی فارسی کو بیچ میں لے آئے اور لگے اپنے چڑاؤنے انداز میں کہنے "مقامات حریری میں لکھا۔۔ آپ نے تو کیا پڑھی ہوگی، عربی میں ہے یہ

کتاب۔" دیوانِ حماسہ اگر آپ نے پڑھا ہوتا۔۔۔ مگر عربی آپ کو کہاں آتی ہے اور حسرت نے تابڑتوڑ کئی عربی فارسی کتابوں کے نام گنوا دیے۔

منٹو خاموش بیٹھا پیچ و تاب کھاتا رہا۔ بولا تو صرف اتنا بولا۔ "مولانا ہم نے عربی فارسی اتنی نہیں پڑھی تو کیا ہے؟ ہم نے اور بہت کچھ پڑھا ہے۔"

بات شاید کچھ بڑھ جاتی مگر کرشن چندر وغیرہ نے بیچ میں پڑ کر موضوع ہی بدل دیا۔ اگلے دن جب پھر سب جمع ہوئے تو حسرت کے آتے ہی بھونچال سا آ گیا۔ منٹو کا جوابی حملہ شروع ہو گیا:

"کیوں مولانا؟ آپ نے فلاں کتاب پڑھی ہے؟ مگر آپ نے کیا پڑھی ہو گی، وہ تو انگریزی میں ہے اور فلاں کتاب؟ شاید آپ نے اس جدید ترین مصنف کا نام بھی نہیں سنا ہو گا اور منٹو نے جتنے نام کتابوں کے لیے ان میں شاید ہی کوئی ایسی کتاب ہو جس کا نام مشہور ہو۔ منٹو نے کوئی پچاس نام ایک ہی سانس میں گنوا دیے اور مولانا سے کہلوا لیا کہ ان میں سے ایک بھی کتاب نہیں پڑھی۔ ہم چشموں اور ہم نشینوں میں یوں سُبکی ہوتے دیکھ کر مولانا کو پسینے آ گئے۔

منٹو نے کہا "مولانا اگر آپ نے عربی فارسی پڑھی ہے تو ہم نے انگریزی پڑھی ہے۔ آپ میں کوئی سُرخاب کا پر لگا ہوا نہیں ہے۔ آئندہ ہم پر رعب جمانے کی کوشش نہ کیجیے۔"

مولانا کے جانے کے بعد کسی نے پوچھا "یار تو نے یہ اتنے سارے نام کہاں سے یاد کر لیے؟"

منٹو نے مسکرا کر کہا: "کل شام یہاں سے اٹھ کر سیدھا انگریزی کتب فروش جینا کے ہاں گیا تھا۔ جدید ترین مطبوعات کی فہرست اس سے لے کر میں نے رٹ ڈالی۔"

حسرت نے کہا "نہیں تم ماہم ہو۔"

منٹو نے کہا "تم ابنِ خلدون ہو۔"

اور دونوں ایک دوسرے کے گلے لگ گئے۔

منٹو بڑا ذہین آدمی تھا۔ اگر ذرا کوئی اپنی حد سے بڑھتا تو وہ سمجھتا کہ یہ شخص میری توہین کر رہا ہے، مجھے احمق سمجھ رہا ہے۔ دل میں بات رکھنے کا وہ قائل نہیں تھا۔ اس کام کے لیے اوپندر ناتھ اشک بنا تھا۔ بری گٹھل طبیعت کا آدمی تھا۔ منٹو مہینے میں تیس چالیس ڈرامے اور فیچر لکھ دیتا تھا اور اشک صرف دو ڈرامے لکھتا تھا، اور وہ بھی رو رو کر۔ پھر بڑی ڈھٹائی سے کہتا پھرتا تھا کہ جتنی تنخواہ مجھے ملتی ہے اس سے زیادہ کے یہ دو ڈرامے میں نے لکھے ہیں۔ منٹو اس کی بڑی درگت بناتا تھا۔ سب کے سامنے اسے فراڈ اور حرام زادہ تک کہہ دیتا تھا۔ اشک اس وقت تو رونکھا ہو جاتا لیکن منٹو کی باتیں دل میں رکھتا گیا اور بعد میں بمبئی کی فلم انڈسٹری میں منٹو کی جڑ کاٹتا پھرا۔

شیخی کی باتیں منٹو کو سخت ناپسند تھیں۔ اور شیخی کرکری کرنے میں اسے لطف آتا تھا۔ ن-م-راشد سے میں نے کہا۔ "یہ آپ کی چھوٹی بڑی شاعری ہمیں تو اچھی نہیں لگتی۔ آخر اس میں کیا بات ہے؟"

راشد نے RHYME اور RYTHYM پر ایک مختصر لیکچر رجھاڑنے کے بعد اپنی نظم "اے مری ہم رقص مجھ کو تھام لے" مجھے سنانی شروع کی اور کہا "دیکھیے! میں نے اس نظم میں ڈانس کا روم رکھا ہے۔"

میں بڑی سعادت مندی سے سنتا رہا مگر منٹو بھلا کب تاب لا سکتے تھے۔ چیخ کر بولے "کون سا ڈانس؟ والز، رمبا، سمبا، کتھا کلی، کتھک، منی پوری؟۔۔۔ فراڈ کہیں کا۔"

بچارے راشد کھسیانی ہنسی ہنس کر رہ گئے۔

منٹو کے دماغ میں نئی سے نئی بات آتی تھی۔ ایسی اپج کسی اور میں دیکھی ہی نہیں۔ ایک میم صاحب کی حسین ٹانگوں کو دیکھ کر کہنے لگے، "اگر مجھے ایسی چار ٹانگیں مل جائیں تو انہیں کٹوا کر اپنے پلنگ کے پائے بنوالوں۔"

ریڈیو اسٹیشن پر منٹو ایک دن بڑے بے زار بیٹھے تھے۔ میں نے کہا "خیریت تو ہے ؟" بولے سخت بد تمیز اور جاہل ہیں یہاں کے لوگ۔ فیس فون receive کر کے کہتا ہوں "منٹو" تو ادھر سے وہ حیران ہو کر پوچھتا ہے:

"ون ٹو؟"

میں کہتا ہوں "ون ٹو نہیں، منٹو"

تو وہ کہتا ہے "بھنٹو؟"

منٹو کو اپنی زبان دانی پر بڑا ناز تھا اور واقعی میں منٹو بہت صحیح اور عمدہ زبان لکھتے تھے۔ انہوں نے اپنی کسی افسانے میں ایک عورت کا حلیہ لکھنے کے سلسلے میں یہ بھی لکھا تھا کہ بچہ ہونے کے بعد اس کے پیٹ پر شکنیں پڑ گئی تھیں۔ میں نے شکنیں بدل کر چرسیں کر دیا۔ جب افسانہ "ساقی" میں چھپ کر آیا تو منٹو اس لفظ پر اچھل پڑے۔ بولے "میں نے جس وقت شکنیں لکھا تو میں سوچ رہا تھا کہ یہ لفظ ٹھیک نہیں ہے۔ مگر میری سمجھ میں اور کوئی لفظ نہیں آیا۔ اصل لفظ یہی ہے جو میں لکھنا چاہتا تھا" اس کے بعد کھلے دل سے انہوں نے سب کے سامنے کہا کہ "میں صرف دو ایڈیٹروں کی اصلاح قبول کرتا ہوں، ایک آپ اور دوسرے حامد علی خاں۔ آپ دونوں کے علاوہ کسی اور کو میرا ایک لفظ بھی بدلنے کی اجازت نہیں ہے۔"

منٹو بظاہر بڑا اکھڑ، اور بد تمیز آدمی نظر آتا تھا مگر دراصل اس کے پہلو مس ایک بڑا حساس دل تھا۔ دنیا نے اسے بڑے دکھ پہنچائے تھے۔ امیر گھرانے کا لاڈلا بچہ تھا۔ بگڑ گیا

اور خوب پٹم بھر کے بگڑا۔ دوست احباب، کنبہ دار، رشتہ دار، سب سے اسے تکلیف پہنچی تھی۔ اس لیے اس میں نفرت کا جذبہ بہت بڑھ گیا تھا، مگر اس کی انسانیت مرتے دم تک قائم رہی، منٹو کا گل گوتھنا سا بچہ اچھا خاصا کھیلتا کھالتا ذرا سی بیماری میں چٹ پٹ ہو گیا۔ مجھے معلوم ہوا تو میں بھی اس کے گھر پہنچا، احتیاطاً سو روپے ساتھ لیتا گیا کہ شاید منٹو کو روپے کی ضرورت ہو۔ صفیہ کا روتے روتے برا حال ہو گیا تھا۔ موتا کا گھر تھا۔ اس لیے میری بیوی کھانا لے کر پہنچیں، انہوں نے صفیہ کو سنبھالا۔ منٹو کی آنکھوں میں پہلی اور آخری بار میں نے آنسو دیکھے۔ بچہ دفنایا جا چکا تھا۔

میں نے منٹو کو رسمی دلاسا دیا اور چپکے سے روپے ان کی طرف بڑھا دیے۔ منٹو نے روپے نہیں لیے۔ مگر تھوڑی دیر کے لیے وہ اپنا غم بھول گیا اور حیرت سے میرا منہ تکتا رہا۔ بعد میں اس واقعہ کا تذکرہ اس نے اکثر احباب سے کیا، اور متعجب ہوتا رہا کہ بے مانگے کوئی روپے کسی کو کیسے دے سکتا ہے۔

منٹو کو شراب پینے کی لت خدا جانے کب سے تھی۔ جب تک وہ دلی رہے ان کی شراب بڑھنے نہیں پائی تھی۔ بمبئی جانے کے بعد انہوں نے پیسہ بھی خوب کمایا اور شراب بھی خوب پی۔

جب پاکستان بنا تو وہ لاہور آ گئے۔ یہاں فلموں کا کام نہیں تھا، اس لیے انہیں قلم کا سہارا لینا پڑا۔ ہمارے ادبی جریدوں کی بنجر زمین سے روزی پیدا کرنا منٹو ہی کا کام تھا۔ صحت پہلے ہی کون سی اچھی تھی۔ رہی سہی شراب نے غارت کر دی۔ کئی دفعہ مرتے مرتے بچے۔ روٹی ملے یا نہ ملے بیس روپے روز انہیں شراب کے لیے ملنے چاہئیں۔ اس کے لیے انہوں نے اچھا برا سب کچھ لکھ ڈالا۔ روزانہ دو ایک افسانے لکھنا ان کا معمول ہو گیا تھا۔ انہیں لے کر وہ کسی ناشر کے پاس پہنچ جاتے۔ ناشروں نے پہلے ضرورت سے

انہیں خریدا۔ پھر بے ضرورت۔ پھر کترانے اور منہ چھپانے لگے۔ دور سے دیکھتے کہ منٹو آرہا ہے تو دکان سے ٹل جاتے۔

منٹو کی اب بالکل وہی حالت ہو گئی تھی جو آخر آخر میں اختر شیرانی، اور میراجی کی۔ بے تکلف لوگوں کی جیب میں ہاتھ ڈال دیتے اور جو کچھ جیب میں ہوتا نکال لیتے۔ اس میں سے گھر کچھ نہیں پہنچتا تھا۔ شراب سے بچانے کی بہت کوشش کی گئی۔ خود منٹو نے اس سے بچنے کے لیے اپنے آپ کو پاگل خانے میں داخل کرا لیا۔ منہ سے یہ کافر لگی چھوٹ بھی گئی تھی مگر اللہ بھلا کرے دوستوں کا ایک دن پھر پلا لائے۔ نتیجہ یہ کہ رات کو خون کی قے ہوئی۔ اسپتال پہنچایا گیا۔ مہینوں پڑے رہے اور جینے کا ایک موقع اور مل گیا۔

اگست ۱۹۵۴ء میں کئی سال بعد لاہور گیا تھا۔ لاہور کے ادیب، شاعر، اڈیٹر اور پبلشر ایک بڑی پارٹی میں جمع تھے کہ غیر متوقع طور پر منٹو بھی وہاں آ گئے۔ اور سیدھے میرے پاس چلے آئے۔ ان کی حالت غیر تھی۔ میں نے کہا "آپ تو بہت بیمار ہیں۔ آپ کیوں آئے؟ میں یہاں سے اٹھ کر خود آپ کے پاس آنے والا تھا۔"

اتنے میں ایک شامت کا مارا پبلشر ادھر آنکلا۔ منٹو نے آواز دی "اوئے ادھر آ۔" وہ رکتا جھجکتا آگیا۔ "کیا ہے تیری جیب میں؟ نکال۔" اس نے جیب میں سے پانچ روپے نکال کر پیش کیے۔ مگر منٹو پانچ روپے کب قبول کرنے والے تھے۔ "حرام زادے دس روپے تو دے۔" یہ کہہ کر اس کی اندر کی جیب میں ہاتھ ڈال دیا اور دس روپے کا نوٹ نکال کر پھر مجھ سے باتیں کرنے لگے۔ گویا کچھ ہوا ہی نہیں۔ پبلشر نے بھی سوچا کہ چلو سستے چھوٹے، وہاں سے رفوچکر ہو گیا۔ منٹو پندرہ بیس منٹ تک بیٹھے باتیں کرتے رہے مگر ان کی بے چینی بڑھ گئی اور عذر کر کے رخصت ہو گئے۔ مجھ سے ہمیشہ کے لیے رخصت ہو گئے۔

پانچ مہینے بعد اخباروں سے معلوم ہوا کہ منٹو اس دنیا سے رخصت ہو گئے۔ انہوں نے پھر چپکے سے شراب پی لی تھی، خون ڈالتے ڈالتے مر گئے۔ ہمیں تو منٹو کی عظمت کا اعتراف ہے ہی، خود کو بھی احساس تھا، چنانچہ جو کتبہ انہوں نے اپنی لوحِ مزار کے لیے خود لکھا تھا اس میں اس حقیقت کی طرف اشارہ کیا۔

"یہاں سعادت حسن منٹو دفن ہے۔ اس کے سینے میں فنِ افسانہ نگاری کے سارے اسرار و رموز دفن ہیں۔ وہ اب بھی منوں مٹی کے نیچے سوچ رہا ہے کہ وہ بڑا افسانہ نگار ہے یا خدا؟"

***